L'anglais pour les nuls

Gail Brenner

Traduction de Claude Raimond

FIRST
ÉDITIONS

L'anglais pour les Nuls

Titre de l'édition américaine : *English Phrases for Dumnies*

Publié par
Wiley Publishing, Inc.
111 River Street
Hoboken, NJ 07030 – 5774
USA

Éditions First, un département d'Édi8
92, avenue de France
75013 Paris – France
Tél. : 01 44 16 09 00
Fax : 01 44 16 09 01
Courriel : firstinfo@efirst.com
Site Internet : www.pourlesnuls.fr

ISBN : 978-2-412-05572-4
Dépôt légal : mars 2020

Imprimé en France
Mise en page : Soft Office

Sommaire

Introduction

Connaître les bases d'une langue vous ouvre une porte sur l'avenir et sur de nouveaux horizons. Et communiquer en anglais, même à un niveau élémentaire, est désormais très utile, voire indispensable. Le nombre de gens qui parlent anglais s'accroît d'année en année. Aujourd'hui, près d'une personne sur six parle anglais, et l'anglais est de toutes les langues du monde celle qui est parlée par le plus grand nombre de personnes en plus de la langue maternelle.

En outre, l'anglais est utilisé dans la majorité des conversations téléphoniques internationales, des courriers postaux, des e-mails, des émissions de radio, des textes traités sur ordinateur, des communications du contrôle aérien. Il sert aussi fréquemment de langage commun dans le contexte des affaires et de la formation. Ainsi, sans une connaissance élémentaire de l'anglais, vous risquez de vous retrouver... réduit au silence.

Le fait de parler anglais n'a rien de magique ; ce n'est qu'un « procédé » au service d'une opération de communication. Considérez chaque nouvelle tournure ou expression que vous découvrez comme un outil, que vous placez dans votre « boîte à outils » anglaise. Quand vous avez besoin d'un outil, ouvrez la boîte et choisissez celui qui correspond à votre besoin de communication – parler du passé, poser une question, exprimer qu'une chose vous plaît ou vous déplaît, et ainsi de suite.

Surtout, dites-vous bien que dans les échanges de tous les jours, vous pouvez le plus souvent vous exprimer avec très peu de mots et une structure de phrase élémentaire. Alors, lancez-vous sans hésiter !

À propos de cet ouvrage

Pourquoi lire *L'anglais pour les Nuls* ? Envisagez-vous de voyager, d'habiter ou de travailler dans un pays de langue anglaise, et de pouvoir converser sans difficultés avec des anglophones de naissance ? Parler anglais est-il pour vous un objectif lointain, un passe-temps intéressant ou une nécessité professionnelle ?

Conventions utilisées dans ce livre

J'ai établi quelques conventions pour faciliter la lecture du livre :

- Des caractères **bleu** font ressortir les mots et les expressions en anglais. Ils sont suivis de leur prononciation et de leur traduction en français.
- Les syllabes du texte en *italiques* suggérant la prononciation, sont séparées par des tirets, et lorsqu'il y a plusieurs syllabes, la syllabe accentuée est soulignée.
  Exemple : **arrive** (*e-raïv*) (arriver)

Parler dans une autre langue pose des problèmes spécifiques et c'est pourquoi cet ouvrage propose quelques modalités qui n'existent pas dans d'autres ouvrages pour les Nuls. Les procédés suivants vous faciliteront l'acquisition des bons réflexes en anglais :

- **Mots clés et Expressions clés :** j'ai recueilli des mots et des tournures un peu partout dans le livre et je les ai inscrits dans des encadrés oranges pour vous inciter à les mémoriser.

Notez aussi que, la plupart des langues étant susceptibles de rendre un même concept ou une même idée de manière différente, la traduction d'une tournure anglaise peut ne pas être littérale. Je veux parfois que vous compreniez le sens général d'une expression, plutôt que la signification des mots. Par exemple :

Danny and Elena had a ball on their trip to Italy!

da-ni an'd e-lèè-na h'ad a bôl on dèe trip tou i-te-li

Traduction correcte : Danny et Elena se sont beaucoup amusés durant leur voyage en Italie !

Traduction littérale (n'a aucun sens) : Danny et Elena ont eu un ballon durant leur voyage en Italie !

Icônes utilisées dans ce livre

Des icônes figurent dans la marge gauche du livre. Elles attirent l'attention sur des informations particulièrement importantes ou très utiles à vos progrès. Voici la signification de chacune d'elles :

TRUC

Cette icône signale des conseils ou astuces qui vous permettront de parler anglais plus facilement.

À RETENIR

Cette icône vous aide à éviter des erreurs susceptibles de vous mettre dans l'embarras, portant sur le vocabulaire, la grammaire ou un point d'ordre culturel.

GRAMMAIRE

Cette icône souligne des particularités grammaticales.

CULTURE

Si vous cherchez des informations d'ordre culturel, cette icône peut vous signaler des éléments d'information intéressants sur les pays où l'on parle anglais.

AUDIO

Si vous voyez cette icône, vous êtes invité à consulter notre site Internet pour y retrouver et écouter la piste audio accompagnant le paragraphe concerné.

Pour accéder aux fichiers MP3

Afin de vous habituer à la langue anglaise et à ses particularités, nous vous proposons des fichiers MP3 mettant en scène des situations que vous aurez de grandes chances de rencontrer, comme passer une commande au restaurant, changer de l'argent ou passer les douanes à l'aéroport.

Pour trouver les fichiers à télécharger, recherchez le titre de ce livre sur le site Internet **www.pourlesnuls.fr**. Vous trouverez les fichiers directement **sur la page de l'ouvrage**.

Par où commencer

Vous ne savez pas par où commencer ? Si vous vous trouvez dans un pays anglophone, promenez-vous avec le livre sous le bras pendant quelque temps pour provoquer des conversations. Quelqu'un finira bien par vous poser des questions à son sujet, et vous parlerez anglais sans vous en rendre compte ! Quelle que soit l'approche choisie, il est certain que ce livre vous plaira et vous instruira en même temps.

Chapitre 1

Bases de la prononciation

DANS CE CHAPITRE :

- » Guide de prononciation de l'anglais pour francophone
- » Prononciation des 26 lettres de l'alphabet
- » Maîtrise de quelques consonnes difficiles
- » Pratique des voyelles

Une prononciation correcte est indispensable pour éviter les malentendus, obtenir ce que vous voulez et tout simplement goûter les joies de la conversation. La maîtrise de la prononciation de l'anglais demande du temps : soyez patient, persévérant, et n'hésitez pas à rire de vous-même quand vous faites une erreur.

Supposant que vous aurez l'occasion d'exercer votre anglais tant avec les anglophones d'Amérique du Nord qu'avec ceux des îles Britanniques, le livre vous simplifie la tâche en indiquant systématiquement une approximation de la prononciation « officielle » britannique et, lorsqu'elle diffère, une approximation de la prononciation « moyenne » en Amérique du Nord (États-Unis et Canada).

Mais avant de détailler la manière dont ces deux prononciations sont représentées dans le livre, je voudrais attirer votre attention sur ce qui distingue la prononciation francophone, que vous pratiquez sans y penser, de la prononciation anglophone, qui requiert au début une certaine attention.

Différences majeures entre la prononciation de l'anglais et celle du français

AUDIO

Voyons de près, en les illustrant de quelques exemples, trois différences majeures entre la prononciation du français et celle de l'anglais.

Découpage du flux sonore

Le mode de délimitation des mots et des phrases en français est très simple : une légère élévation de la voix en fin de mot, à la fin d'un groupe de mots et en fin de phrase ; en outre, une brève interruption du flux après une virgule (pour respirer), et une interruption plus longue après un point-virgule ou un point.

Rien de tel en anglais (à part l'interruption derrière une virgule, un point-virgule ou un point). L'anglais découpe le flux sonore en identifiant directement les mots (en leur attribuant aussitôt un sens). Et il en reconnaît le sens principalement par la position de l'accent tonique dans le mot, ainsi que par la durée des sons de voyelle du mot, brefs ou longs – deux éléments non liés au sens des mots français.

Par ailleurs, alors qu'en français deux sons de voyelle situés à la fin d'un mot et au début du suivant sont presque toujours prononcés sans interruption (flux continu), l'anglais les sépare presque toujours par une microcoupure, appelée *coup de glotte* par les linguistes. Cette séparation contribue à l'identification des mots dans la phrase.

Exemple français : chocolat amer.

Exemples anglais : **he is** (*h'i iz*) (il est), **they are** (*dèï ââ*) (ils/elles sont), **the arm** (*di ââm*) (le bras), **the eagle** (*di ii-guel*) (l'aigle).

Une interruption similaire se retrouve, un peu moins marquée et parfois omise, avant le h aspiré du français : la hache, la hampe, le hachisch.

Syllabes accentuées et identification des mots

Le principal mécanisme d'identification des mots anglais est sans conteste la position de l'accent tonique, affectant une syllabe prononcée plus fort dans tout mot de plus d'une syllabe.

Accentuez les mots aux bons endroits et vous serez compris, même si votre prononciation des consonnes et des voyelles est défectueuse. Mais si vous n'accentuez pas un mot de plus d'une syllabe ou si vous ne placez pas l'accent tonique sur la bonne syllabe, vos chances d'être compris seront quasi nulles.

Exemples :

» **The emphasis helps English speakers to identify words.**
di em-fe-sis h'èlps ign-lich spîî-kez tou aï-dèn-ti-faï oueedz
L'accent tonique aide les anglophones à identifier les mots.

» **You should therefore emphasize the right syllable.**
iou choud dèe-foe èm-fe-saïz de raït si-le-bel
Vous devez à cause de cela accentuer la bonne syllabe.

Sons de voyelle brefs ou longs et sens des mots

La longueur des sons de voyelle n'a pas beaucoup d'importance en français. Ce qui distingue le mot « pâte » du mot « patte », c'est avant tout la valeur du son (**â** comme dans « mât » ou **a** comme dans « mat »). Sa durée ne joue qu'un rôle secondaire. C'est le contraire en anglais ! Qui plus est, certains mots très courants d'une syllabe existent en anglais sous deux formes sonores, l'une avec un son de voyelle bref, l'autre avec un son de voyelle long et un sens totalement différent. Exemples :

- **bit** (*bit*) (morceau) et **beat** (*biit*) (battre)
- **rid** (*rid*) (débarrasser) et **read** (*riid*) (lire)
- **rod** (*rod*) (tringle) et **road** (*reoud* [UK], *rôôd* [US]) (route)
- **sheet** (*chiit*) (feuille, drap) et **shit** (*chit*) (m...)
- **bead** (*biid*) (perle à enfiler) et **bid** (*bid*) (offre)

Représentation des prononciations dans le livre

Alors que les mots et expressions anglais sont en **bleu**, leur prononciation est en *italique*. Les syllabes successives d'un même mot sont séparées par un tiret et la syllabe accentuée d'un mot de plus d'une syllabe est *soulignée*. Le français ne tenant pas compte de l'accentuation pour déterminer le sens des mots, comme nous l'avons vu au paragraphe précédent, vous risquez de ne pas percevoir l'accentuation et de l'omettre en prononçant les mots. Mais grâce à la représentation de la prononciation associée à tous les textes anglais du livre, vous pourrez *voir* cet accent tonique que vos oreilles perçoivent mal.

Selon le même principe, pour vous aider à bien faire la distinction entre les sons de voyelle longs et courts, qui n'influent pas sur le sens des mots français, le livre représente systématiquement les sons de voyelle longs par le doublement des signes utilisés, vous obligeant à les *voooir* ! Lorsque le signe utilisé n'est pas doublé, il s'agit d'un son bref.

Lorsque la prononciation approchée américaine est différente de la prononciation approchée britannique, elle est indiquée à la suite, et les deux prononciations sont repérées par les mentions [UK] et [US], respectivement. L'équivalent français est indiqué ensuite en caractères normaux. Exemple : **culture** (*kael-tche* [UK], *kel-tche* [US]) (culture).

Cette représentation approchée de la prononciation anglaise suit les règles de la prononciation du français, avec les aménagements suivants :

» Le *e*, même suivi d'une consonne ou d'une autre voyelle, doit toujours être prononcé comme le *e* de *je*, *te*, *me*. Ce son que les linguistes appellent « schwa » est fréquent en anglais car il sert, avec le *i*, à la prononciation de la plupart des syllabes non accentuées. Exemple : **octopus** (*oc-te-pes*) (poulpe). Il est encore plus fréquent dans la prononciation américaine, où il se substitue en outre à un son de voyelle spécifique de l'anglais britannique : *ae*, comme dans **duck** (*daek*) (canard) – voir plus loin.

- Lorsqu'un *e* ne représente pas un schwa, il est surmonté d'un accent aigu (*é*) ou grave (*è*). Le e muet est représenté par une apostrophe ('). Exemples : **bread** (*brèd*) (pain), **evening** (*i-v'nign*) (soir).
- L'accent circonflexe sert à distinguer le son *â* de *mât* du son *a* de *mat*, et le son *ô* de *tôt* du son *o* de *obélisque*.
- La combinaison de voyelles *ou* est utilisée pour représenter un son unique comme dans *cou*, *pou*, *fou*, très fréquent en anglais. Exemple : **foot** (*fout*) (pied). (Notez que le son *u* de *tu* n'existe pas en anglais, sauf s'il s'agit de mots français importés conservant leur prononciation d'origine, comme **couture**, **mot juste**, **crème brûlée**.)
- La combinaison de voyelles *ae* est utilisée pour représenter le son de voyelle brève de l'anglais britannique que comportent de nombreux mots comme **duck** (*daek*) (canard), **bug** (*baeg*) (insecte), **rust** (*raest*) (rouille), mais aussi **enough** (*i-naef*) (assez), **tongue** (*taegn*) (langue). Ce son n'existe pas en français : il est intermédiaire entre le *a* de *mat* et le *e* de *je* (autrement dit le schwa). Il n'existe pas non plus en anglais américain, où il est remplacé systématiquement par le schwa (*e*).
- Les sons de voyelle longs (rappelez-vous qu'en anglais un même son de voyelle peut être bref ou long et produire des mots différents) sont représentés par le doublement de la voyelle (*ââ, ii, ee, ôô*) et par celui de la combinaison *ou* – *ouou*, comme dans le mot **food** (*fououd*) (aliment), et qu'il faut bien distinguer du mot **foot** (*fout*) (pied) prononcé avec un *ou* bref.

- Les consonnes en fin de syllabe doivent toujours être prononcées. Comme il n'existe pas de sons de voyelle nasale en anglais (alors que ces sons abondent en français : bande, important, fente, un, on...), le *m* et le *n* à la suite d'une voyelle sont toujours prononcés indépendamment de la voyelle. Une apostrophe à la suite du *m* ou du *n* vous rappelle la façon de les prononcer.
- Les deux consonnes spécifiquement anglaises, le « th » sonore comme dans le mot **the** (*de*) (le, la ou les) et le « th » sourd comme dans le mot **thick** (*dzik*) (épais), sont représentées respectivement par la lettre *d* et par la combinaison de lettres *dz*.
- Last but not least, le *h* devant une voyelle se prononce presque toujours en anglais, alors qu'en français il est toujours muet. On produit ce son par une brève contraction du diaphragme, comme à l'occasion du rire. Il est représenté par la lettre *h* suivie d'une apostrophe (*h'*). Exemples : **horse** (*h'ôôs*) (cheval), **hen** (*h'èn*) (poule), **hiccup** (*h'i-kaep* [UK], *h'i-kep* [US]) (hoquet).

Prononciation de mots anglais que vous connaissez déjà

L'anglais repose en grande partie sur des bases latines, tout comme le français, l'italien, l'espagnol et le portugais. C'est pourquoi l'on rencontre dans toutes ces langues des mots provenant de la même racine.

Prononciation de mots ayant le même sens dans les deux langues

AUDIO

Le tableau ci-après donne une liste de mots dont l'orthographe est voisine ou identique en anglais et en français, dont le sens est le même et dont la prononciation diffère. Les vocabulaires des deux langues ont en commun des milliers de mots, et je ne peux vous en donner ici qu'un échantillon minuscule, à base de mots très courants :

Anglais	Prononciation	Français
actor	*ac-te*	acteur
angel	*éïn-gel*	ange
art	*âât*	art
analyze/ analyse	*a-nelaïz'*	analyser
bank	*ban'k*	banque
banquet	*ban-couèt*	banquet
concert	*con'-ceet*	concert
content	*con'-tènt*	content
culture	*kael-tche* [UK], *kel-tche* [US]	culture
delicate	*dè-liket'*	délicat
detail	*dii-téïl*	détail
enormous	*i-nôô-mes*	énorme
excellent	*èk-se-len't*	excellent
express	*ix-près*	express
family	*fa-mi-li*	famille
flower	*flaou-e*	fleur
garden	*gââ-d'n*	jardin
government	*gae-v'n-m'n't* [UK], *gue-v'n-m'n't* [US]	gouvernement

Anglais	Prononciation	Français
guide	*gaïd*	guide
hospital	*h'os-pi-tel* [UK], *h'âs-pi-tel* [US]	hôpital
hotel	*h'eou-tèl* [UK], *h'ôô-tèl* [US]	hôtel
important	*im-pôô-t'nt*	important
infinite	*in-fi-nit'*	infini
invention	*in'-vèn-ch'n*	invention
jovial	*djeou-viel* [UK], *djôô-viel* [US]	jovial
kilogram	*ki-lo-gram*	kilogramme
kiosk	*ki-osk*	kiosque
lamp	*lam'p*	lampe
letter	*lèt-ee*	lettre
music	*miou-zik*	musique
nation	*néï-ch'n*	nation
optic	*op-tic* [UK], *âp-tic* [US]	optique
order	*ôô-dee*	ordre
original	*o-ri-dji-nel*	original
plant	*plââن't* [UK], *plaan't* [US]	plante
possible	*pos-eb'l* [UK], *pâs-eb'l* [US]	possible
president	*prè-zi-d'nt*	président
problem	*pro-blem* [UK], *prâ-blem* [US]	problème
radio	*réï-dio*	radio
restaurant	*rès-te-r'nt*	restaurant
route	*rouout'*	route
science	*saï-en's*	science
secret	*sii-krit*	secret
silence	*saï-lens*	silence
taxi	*ta-xi*	taxi
term	*tee-m*	terme

Anglais	Prononciation	Français
terrible	*tè-re-b'l*	terrible
traffic	*tra-fik*	trafic
train	*tréïn'*	train
urgent	*ee-djen't*	urgent
united	*iouou-naï-ted*	uni
vibration	*vaï-bréï-ch'n*	vibration
violin	*vaïo-lin*	violon
visit	*vi-zit*	visite
watt	*ouot* [UK], *ouât* [US]	watt
zebra	*zii-bre*	zèbre
zero	*zii-reou* [UK], *zii-rôô* [US]	zéro

Prononciation – et sens – de mots ressemblants mais très différents

Il existe cependant quelques mots anglais et français qui se ressemblent beaucoup, mais qui ne signifient pas la même chose. Apprendre ce qui les différencie vous évitera bien des déconvenues. Fort heureusement, alors qu'il y a des milliers de mots semblables dont le sens est le même, les « faux amis » ne sont que quelques centaines. Méfiez-vous particulièrement de ceux listés ci-après :

- **actual** (*ac-tchou-el*) signifie véritable ou réel. En français, qualifie ce qui se passe dans le moment présent.
- **application** (*a-pli-kéï-ch'n*) est une demande officielle ou le document servant à la formuler. Ce mot peut aussi avoir un sens identique à celui du mot français (par exemple, l'application d'une couche de peinture).

- **character** (*ka-rak-te*) est le plus souvent un personnage dans un roman, un film, etc. Ce mot peut aussi, selon le contexte, avoir comme autres sens ceux du mot français caractère.
- **eventually** (*i-vèn-tchou-e-lé*) se réfère à un événement qui tôt ou tard finit par se produire, alors que « éventuellement » caractérise un événement possible mais incertain.
- **large** (*lââdj*) veut dire spacieux, et non pas large.
- **library** (*laï-bre-ri*) désigne une bibliothèque (l'institution, pas le meuble) et non un magasin où l'on peut acheter des livres, comme le mot librairie.
- **sensible** (*sèn-si-b'l*) veut dire sensé ou raisonnable. En français, sensible veut dire capable de ressentir ou vulnérable.

Pratiquer l'alphabet

AUDIO

Réciter l'alphabet est une autre bonne façon d'aborder la prononciation anglaise. La liste suivante contient les 26 **letters** (*lè-tez*) (lettres) de l'**alphabet** (*al-febet'*) (alphabet), accompagnée chacune de sa prononciation.

a (*eï*)	**b** (*bi*)	**c** (*si*)	**d** (*di*)
e (*i*)	**f** (*èf*)	**g** (*dji*)	**h** (*eïtch*)
i (*aï*)	**j** (*djéï*)	**k** (*kéï*)	**l** (*èl*)
m (*èm*)	**n** (*èn*)	**o** (*ô*)	**p** (*pi*)
q (*kiou*)	**r** (*âe*)	**s** (*ès*)	**t** (*ti*)
u (*iou*)	**v** (*vi*)	**w** (*dae-bel-iou* [UK], *de-bel-iou* [US])	
x (*èx*)	**y** (*ouaï*)	**z** (*zèd* [UK], *zi* [US])	

Bien que l'anglais n'ait que 26 lettres, il comporte approximativement 44 sons différents ! (Et ces sons varient en fonction des accents régionaux.) Certaines lettres produisent plusieurs sons et à certaines voyelles peuvent correspondre des sons très différents ! Il peut donc être difficile de prononcer de nouveaux mots.

TRUC

Pour parvenir à une prononciation claire et précise en anglais, il faut ouvrir votre **mouth** (*maoudz*) (bouche) et décontracter vos **lips** (*lips*) (lèvres), votre **jaw** (*djôô* [UK], *djââ* [US]) (mâchoire) et votre **tongue** (*taegn'* [UK], *tegn'* [US]) (langue). Ne soyez pas timide. Regardez dans la glace tandis que vous vous exercez et pensez à faire bouger et à étirer votre bouche pour que les sons sortent clairs et forts !

Prononciation des consonnes

Les **consonants** (*<u>con'</u>-se-n'nts*) (consonnes) de l'anglais s'écrivent comme celles du français, mais ne se prononcent pas toutes de la même manière.

Prononcer clairement les sons de consonne en anglais n'a rien de magique. C'est une opération mécanique. Si vous mettez les lèvres et la langue dans la bonne position, un son correct (presque à chaque fois) sortira de votre bouche, comme par miracle !

Deux sortes de consonnes : consonnes sonores et consonnes sourdes

AUDIO

La plupart des consonnes sont **voiced** (*voïst*) (sonores), ce qui veut dire que vous devez utiliser votre voix et positionner la bouche correctement pour les prononcer. Quelques sons de consonne sont **voiceless** (*voïs-lès*) (sourds), ce qui veut dire vous n'utilisez pas votre voix pour les prononcer (le son sort un peu comme un soupir).

Chaque consonne sourde a une partenaire sonore (une consonne qui se forme exactement de la même manière dans la bouche, mais en y ajoutant la voix). Par exemple, réalisez le son **p** *sourd* en fermant les lèvres et en poussant l'air vers l'extérieur pour produire le son. Il devrait ressembler à un souffle, un murmure. Pour prononcer son partenaire sonore, le son **b**, placez les lèvres exactement dans la même position que pour le son **p** et poussez l'air vers l'extérieur, mais cette fois, utilisez en même temps votre voix. Le son doit venir de la profondeur de la gorge.

Le problématique th

Avez-vous du mal à prononcer la consonne th ? Cette consonne se retrouve partout en anglais. Et d'ailleurs, l'anglais comporte non pas un mais deux sons **th** ! Par exemple :

» Le son **th sonore** dans les mots **those** (*deouz* [UK], *dôôz* [US]) (ces), **other** (*ae-dee* [UK], *e-dee* [US]) (autre) et **breathe** (*briid'*) (respirer) est profond et requiert votre voix.

- Le son **th sourd** dans les mots **thanks** (*dzanks*) (merci), **something** (*saem'-dzign* [UK], *sem'-dzign* [US]) (quelque chose) et **bath** (*bââdz* [UK], *baadz* [US]) (bain) est doux comme un murmure.

Avec un peu de pratique et de concentration, vous prononcerez clairement les deux sons **th**. Je vous montre comment vous exercer dans le paragraphe suivant, continuez à lire.

Quand vous essayez de dire le mot **that** (*dat'*) (cela), ce que vous dites ressemble-t-il à **dat'** ou à **zat'** ? Ou quand vous essayez de dire le mot **think** (*dzin'k*) (penser), dites-vous **tin'k** ou **sin'k** ? Si oui, rassurez-vous, il n'y a pas que vous dans ce cas. Le problème est que vous gardez la langue à l'intérieur de la bouche, en arrière des incisives supérieures. Vous devez sortir un peu la langue pour produire le son **th**. Ou bien placer le bout de langue entre les dents (sans le mordre !) et le rétracter en émettant le son **th**.

Exercez-vous à dire ces mots qui commencent par le son th sonore profond :

- **there** (*dèe*) (là)
- **these** (*diiz*) (ces... ci)
- **they** (*dèè*) (ils ou elles)
- **this** (*dis*) (ce)
- **those** (*deouz* [UK], *dôôz* [US]) (ces... là)

Entraînez-vous maintenant à dire ces mots commençant par le th sourd :

- **thank you** (*dzan'k iou*) (merci)
- **thing** (*dzign*) (chose)
- **think** (*dzin'k*) (penser)

» **thirty-three** (*dzee-ti dzri*) (trente-trois)

» **Thursday** (*dzeez-di*) (jeudi)

Prononciation des voyelles

AUDIO

L'anglais comporte six voyelles – a, e, i, o, u et y – mais environ 15 sons de voyelle ! Malheureusement, l'anglais n'a pas de règles de prononciation fiables qui puissent vous aider à prononcer les voyelles et les combinaisons de voyelles des mots anglais écrits. La bonne nouvelle est qu'avec un peu de pratique, vous apprendrez à prononcer tous ces différents sons. La deuxième bonne nouvelle est que grâce à l'indication systématique de la prononciation, vous pourrez prononcer correctement toutes les voyelles des mots anglais que vous lirez dans ce livre.

Différentes sortes de sons de voyelle

Comme l'explique la première section de ce chapitre, consacré aux principales différences entre la prononciation de l'anglais et celle du français, il existe deux grandes sortes de sons de voyelle en anglais : les sons de voyelle brefs et les sons de voyelle longs. Nous avons vu qu'un même son de voyelle peut produire des mots de sens différents selon qu'il est bref ou long. Exemples : **beat** (*biit*) (battre) et **bit** (*bit*) (morceau).

Les sons de voyelles brefs sont toujours simples, le son n'évolue pas au cours de sa prononciation. Exemples : **bit** (*bit*) (morceau), **duck** (*daek* [UK], *dek* [US]) (canard). En revanche, les sons de voyelle longs peuvent être simples (le même son est prolongé) ou diphtongués (deux sons de voyelle différents, mais contigus). Exemple de son de voyelle long et simple : **people** (*pii-pel*) (des gens) ; exemple de son de voyelle diphtonguée : **time** (*taïm*) (temps – le temps qui passe, pas celui qu'il fait). Notez au passage que l'association de deux voyelles (eo) peut produire un son de voyelle simple (*ii*), et qu'une seule voyelle (i) peut suffire à produire un son de voyelle diphtongué (*aï*).

Sons de voyelle brefs

Les **short vowel sounds** (*chort vaoul saoundz*) (sons de voyelle brefs) sont souvent prononcés un peu moins fort que les autres, et nettement moins fort lorsqu'ils figurent dans des syllables non accentuées. Exemples :

- **can** (*can*) (peut)
- **fun** (*faen* [UK], *fen* [US]) (amusement)
- **spell** (*spèl*) (épeler)
- **with** (*ouid'*) (avec)
- **foot** (*fout*) (pied)
- **bread** (*brèd*) (pain)
- **product** (*preou-dekt* [UK], *prôô-dekt* [US]) (produit)
- **village** (*vi-lidj*) (village)

Sons de voyelle longs et simples

Voici maintenant quelques exemples de sons de voyelle longs et simples :

- **scene** (*siin'*) (scène)
- **vote** (*vôôt* [US]) (voter)
- **leak** (*liik*) (fuite d'un fluide ou d'un secret)
- **bowling** (*bôô-lign* [US]) (bowling)

Sons de voyelle diphtongués

Deux sons de voyelle prononcés comme une seule syllabe. Pour prononcer une diphtongue en anglais, vous devez commencer par le premier son et glisser ensuite vers le deuxième son. Accentuez davantage le premier son, mais n'oubliez pas de prononcer aussi le second. Exercez-vous sur les exemples ci-après :

- **boy** (*boï*) (garçon)
- **now** (*naô*) (maintenant)
- **say** (*sèï*) (dire)
- **time** (*taïm'*) (temps)
- **vote** (*veout* [UK]) (voter)
- **bowling** (*beou-lign* [UK]) (bowling)

Prononciation des voyelles et combinaisons de voyelles

Ayant vu les différents sons de voyelle, voyons maintenant les sons produits par différentes voyelles, seules ou combinées. La relation entre l'écriture et la prononciation n'est pas simple. Il n'y a pas de lien clair entre une voyelle ou combinaison de voyelles écrites et les sons correspondants : seulement des tendances assorties d'exceptions (et c'est pourquoi le livre indique la prononciation de chaque mot).

- Une voyelle seule peut produire un son de voyelle bref : **duck** (*daek* [UK], *dek* [US]) (canard), un son de voyelle long : **arm** (*ââm*) (bras) ou un son diphtongué : **time** (*taïm*) (temps).
- Une voyelle doublée peut produire un son de voyelle bref : **blood** (*blaed* [UK], *bled* [US]) (sang)

ou un son de voyelle long et simple : **root** (*rououť*) (racine).

- Deux voyelles différentes contiguës peuvent produire un son de voyelle bref : **bread** (*brèd*) (pain), un son de voyelle long et simple : **meat** (*miit*) (viande) ou un son de voyelle diphtongué : **steak** (*stéïk*) (steak).

Voyons maintenant les sons produits par chacune des voyelles a, e, i, o, u, seules ou combinées à d'autres :

La voyelle a

La voyelle *a* peut produire des sons de voyelle longs ou courts : un son de voyelle diphtongué (*éï* ou *èï*), un son de voyelle long et simple (*ââ* en anglais britannique prononcé *aa* en anglais américain ou encore *ôô* en anglais britannique devenant *ââ* en anglais américain). Elle produit aussi deux sons de voyelle brefs, le *a* dans des syllabes accentuées et le *e* (schwa) ou le *i* dans des syllabes non accentuées.

- Diphtongue : **ate** (*éïť*) (mangea), **came** (*kèïm'*) (vint), **day** (*dèï*) (jour), **late** (*léït*) (tard), **tomatoe** (*te-<u>méï</u>-tôô* [US]) (tomate). Pour prononcer cette diphtongue, commencez par le son *é* (ou *è*) et terminez par le son *i* dans une sorte de fondu enchaîné.
- *ââ* et *aa* : **father** (*<u>fââ</u>-de* [UK], *<u>faa</u>-de* [US]) (père), **bar** (*bââ*) (bar), **France** (*frâân's* [UK], *fraan's* [US]) (France), **tomatoe** (*te-<u>mââ</u>-teou* [UK]) (tomate)
- *ôô* et *ââ* : **bald** (*bôôld* [UK], *bââld* [US]) (chauve), **straw** (*strôô* [UK], *strââ* [US]) (paille), **talk** (*tôôk* [UK], *tââk* [US]) (parler), **thought** (*dzôôt* [UK], *dzâât* [US]) (pensée)

- *a* : **cat** (*cat*) (chat), **hand** (*h'an'd*) (main) et **bat** (*bat*) (chauve-souris)
- *e* et *i* : **analyze/analyse** (*a-nelaïz'*) (analyser), **delicate** (*dè-liket'*) (délicat), **hospital** (*h'os-pi-tel* [UK], *h'âs-pi-tel* [US]) (hôpital), **original** (*o-ri-dji-nel*) (original), **village** (*vi-lidj*) (village).

La voyelle e

La voyelle e peut produire un son **e long** (*ii*) lorsqu'elle est seule (**e**), doublée (**ee**) ou combinée à **i**, **a** et même **o** dans le mot **people** (**ei**, **ie**, **ea**, **eo**). Produisez le **e long** avec une sorte de sourire en tirant les lèvres en arrière. Faites durer le son, ne l'abrégez pas.

- **e** seul : **be** (*bii*) (être), **even** (*ii-ven*) (même), **evening** (*ii-v'nign*) (soir)
- **e** doublé : **bee** (*bii*) (abeille), **reed** (*riid*) (roseau), **eel** (*iil*) (anguille), **employee** (*èm-ploï-ii*) (employé), **see** (*sii*) (voir), **breeze** (*briiz*) (brise)
- **ei** : **receive** (*ri-siiv*) (recevoir)
- **ie** : **believe** (*bi-liiv*) (croire)
- **ea** : **reveal** (*ri-viil*) (révéler), **read** (*riid*) (lire), **sea** (*sii*) (mer), **heal** (*h'iil*) (guérir), **heat** (*h'iit*) (forte chaleur)
- **eo** : **people** (*pii-pel*) (personnes)

La voyelle e peut produire un son **e bref** (*è*) quand elle n'est associée à aucune autre voyelle, mais aussi quand elle précède un **a**. Pour le prononcer, ouvrez un peu la bouche et rétractez légèrement les lèvres comme en un sourire fugitif.

- **e** seul : **ten** (*tèn'*) (dix), **sell** (*sèl*) (vendre), **address** (*a-drès*) (adresse)

- » **ea** : **bread** (*brèd*) (pain), **head** (*h'èd*) (tête) **ready**, (*rè-di*) (prêt)

Mais la voyelle **e** produit aussi le son neutre bref *e* (le schwa) dans les syllabes non accentuées. Et comme en français, ce *e* peut devenir muet :

- » **problem** (*pro-blem* [UK]. *prâ-blem* [US]) (problème)
- » **even** (*ii-ven* ou *ii-v'n*) (même)
- » **idle** (*aï-del* ou *aï-d'l*) (oisif, inoccupé)

Exercez-vous à prononcer les **e longs** et **brefs** en répétant les phrases suivantes :

- » **e long : We see three green trees.** (*oui sii dzrii griin triiz*) (Nous voyons trois arbres verts.)
- » **e bref : Jenny went to sell ten red hens.** (*djè-ni ouèn't tou sèl tèn rèd h'ènz*) (Jenny est partie vendre dix poules rouges.)
- » **Les deux sons : Please send these letters.** (*pliiz sèn'd diiz lè-tez*) (S'il te plaît envoie ces lettres.)

La voyelle i

La forme longue de la voyelle **i** anglaise ne produit pas le son auquel s'attendent les francophones, mais la diphtongue *aï*. Pour la prononcer, commencez par dire *a* et terminez par *i*, en passant doucement d'un son à l'autre. Exemples :

- » **time** (*taïm*) (temps – celui qui passe, pas celui qu'il fait)
- » **like** (*laïk*) (aimer)
- » **arrive** (*e-raïv*) (arriver)

Ce son peut s'écrire d'autres façons, comme par exemple dans les mots **height** (*h'aït*) (hauteur), **fly** (*flaï*) (mouche), **buy** (*baï*) (acheter), **lie** (*laï*) (mentir/mensonge) et **eye** (*aï*) (œil).

La forme brève du **i** se prononce à peu près comme le « i » des francophones. Pour prononcer le **i bref** anglais, détendez les lèvres en ouvrant un peu la bouche et gardez la langue dans le bas de la bouche. (Si la langue est placée trop haut, votre **i bref** ressemblera à un *ii*.) Exemples :

- » **it** (*it*) (pronom personnel neutre)
- » **his** (*h'iz*) (son ou sa)
- » **this** (*dis*) (ce... ci)
- » **bill** (*bil*) (addition au restaurant [UK], billet de banque [US])
- » **sister** (*sis-tee*) (sœur)

Attendez-vous à ce qu'on vous regarde bizarrement si vous ne faites pas clairement la distinction entre le **i bref** (comme dans **it**) et le **i long** (comme dans **eat**). Ne dites pas **I need to live now** (*aï niid tou liv naou*) (il faut que je vive maintenant) si vous voulez dire **I need to leave now** (*aï niid tou liiv naou*) (il faut que je parte maintenant). Et faites attention de ne pas dire **Give me the keys** (*giv mi de kiiz*) (donne-moi les clés) si vous voulez dire **Give me a kiss** (*giv mi e kiss*) (donne-moi un baiser) !

Le **i bref** se retrouve, comme le schwa (*e*), dans la prononciation de syllabes non accentuées comportant un **a**.

- » **village** (*vi-lidj*) (village)
- » **garage** (*ga-ridj* [UK], *gue-rââj* [US]) (garage)

La voyelle o

Une particularité de la voyelle **o** est que sa forme longue comme sa forme courte se prononcent différemment en anglais britannique et en anglais américain.

Le o long

Le son **o long** est la diphtongue *eou* en anglais britannique et le son de voyelle prolongé *ôô* en anglais américain. Exemples :

- **rode** (*reoud'* [UK], *rôôd* [US]) (montait à cheval)
- **joke** (*djeouk* [UK], *djôôk* [US]) (blague)
- **phone** (*feoun'* [UK], *fôôn* [US]) (téléphone)
- **home** (*h'eoum* [UK], *h'ôôm* [US]) (chez soi)

En plus du schéma **o** + consonne + **e** final (exemples ci-dessus), les sons **o longs** se retrouvent avec d'autres orthographes :

- **no** (*neou* [UK], *nôô* [US]) (non ou pas de)
- **toe** (*teou* [UK], *tôô* [US]) (orteil)
- **sew** (*seou* [UK], *sôô* [US]) (coudre)
- **know** (neou [UK], *nôô* [US]) (savoir)
- **dough** (*deou* [UK], *dôô* [US]) (pâte)
- **boat** (*beout* [UK], *bôôt* [US]) (bateau)

Le o bref

Le **o** donne habituellement un son de voyelle brève quand il est placé entre deux consonnes. Il est alors prononcé en anglais britannique comme le *o* du mot français *obélisque* (*o*) et en anglais américain comme le *â* du mot français *mât* (*â*).

- **not** (*not* [UK], *nât* [US]) (ne… pas)
- **hot** (*h'ot* [UK], *h'ât* [US]) (très chaud)
- **stop** (*stop* [UK], *stâp* [US]) (arrêter)
- **a lot** (*e lot* [UK], *e lât* [US]) (beaucoup)
- **dollar** (*do-le* [UK], *dâ-le* [US]) (dollar)

o + seconde voyelle

Le **o** doublé (**oo**) donne deux sons de voyelle supplémentaires : *ou* (bref), *ouou* (long), et encore deux autres avec le mot **blood** : *ae* (*e* en anglais américain).

- *ou* : **good** (*goud*) (bon), **cook** (*couk*) (cuisinier/cuisinière), **foot** (*fout*) (pied), **book** (*bouc*) (livre)
- *ouou* : **moon** (*mououn*) (lune), **choose** (*tchououz*) (choisir), **food** (*fououd*) (nourriture), **room** (*rououm*) (pièce d'une maison)
- *ae* et *e* : **blood** (*blaed* [UK], *bled* [US]) (sang)

Le **o** suivi d'un **u** produit le son *ou* (bref) :

- *ou* : **could** (*coud*) (pouvait), **would** (*woud*) (voudrait)

Essayez de dire la phrase : **I would cook something good if I could.** (*aï woud couk saem-dzign* [US *sem-dzign*] *goud if aï coud*) (Je ferais cuire quelque chose de bon si je pouvais.)

À RETENIR

Don't put your foot in your mouth ! (*deoun't* [US *dôôn't*] *pout ioue fout in ioue maoudz*) (Ne mets pas le pied dans la bouche – expression idiomatique stigmatisant une gaffe.) Il est facile de confondre les mots **food** et **foot**. Ne dites pas **This foot tastes good** (*dis' fout téïst goud*) (Ce pied a bon goût) ni **I put my food in my shoe**

(*aï pout maï fououd in maï chouou*) (J'ai mis ma nourriture dans ma chaussure) !

La voyelle u

La voyelle **u** se prononce tantôt avec le son de voyelle long *ouou*, tantôt avec le son de voyelle bref *ae*, qui devient *e* en anglais américain.

U prononcé ouou

- *ouou* avec **u** : **June** (*djououn*) (juin), **blue** (*blouou*) (bleu), et **use** (*iououz*) (utiliser), **suit** (*siouout* [UK], *souout* [US]) (costume)
- *ouou* avec d'autres lettres : **do** (*douou*) (faire), **you** (*iouou*) (vous), **new** (*niouou* [UK], *nouou* [US]) (nouveau), **through** (*dzrouou*) (à travers), **shoe** (*chouou*) (chaussure)

U prononcé ae (e en anglais américain)

Le **u bref** est très fréquent en anglais. Sa prononciation est différente en anglais britannique et en anglais américain. L'anglais britannique utilise un son intermédiaire entre le *a* de *mat* et le *e* de *que*, *je*, *me*. L'anglais américain utilise le son neutre *e*.

- **up** (*aep* [UK], *ep* [US]) (en haut)
- **bus** (*baes* [UK], *bes* [US]) (autobus)
- **much study** (*maetch stae-di* [UK], *metch ste-di* [US]) (beaucoup d'étude)
- **suddenly** (*sae-den'-li* [UK], *se-den'-li* [US]) (soudainement)
- **under** (*aen'-dee* [UK], *en'-dee*) (sous)

Garder le rythme

Le rythme et la musique d'une langue lui confèrent sa vie et sa personnalité. Et c'est en grande partie grâce à ces éléments que l'anglais ressemble à de l'anglais ou que le français ressemble à du français. Le rythme de l'anglais est déterminé par ses schémas d'accentuation – l'accent tonique affectant certains mots ou certaines syllabes.

Battre la mesure

Il est facile de prendre le rythme anglais. Vous dites une mesure non accentuée suivie d'une mesure accentuée, comme ceci : **The cats will eat the mice** (*de cats ouil iit de maïs*) (Les chats mangeront les souris). En disant les phrases suivantes, maintenez un rythme régulier en battant la mesure avec le pied à chaque mot souligné, chaque battement de pied accompagnant la syllabe accentuée :

- **For Eng-lish rhy-thm, tap your feet.** (*fer' ign'-lich ri-dem, tap ioue fiit'*) (Pour le rythme de l'anglais, tapez du pied.)
- **Fast or slow just keep the beat.** (*fâast or sleou, djaest kiip de biit* [UK], *faast or slôô, djest kiip de biit* [US]) (Rapidement ou lentement, bats seulement la mesure.)

Essayez maintenant de garder le rythme dans les phrases suivantes tout en tapant du pied. (N'oubliez pas d'accentuer les syllabes soulignées.)

- **Cats eat mice.** (*cats iit maïs*) (Les chats mangent les souris.)
- **The cats will eat the mice.** (*de cats ouil îît de maïs*) (Les chats mangeront les souris.)

Si une phrase comporte plusieurs syllabes non accentuées les unes à la suite des autres, vous devez accélérer (un peu) pour garder le rythme. Essayez de dire la phrase suivante sans modifier le battement de pied :

- **The cats in the garden are going to eat up the mice.** (*de cats in de gââ-den ââ gô-ign tou iit aep de maïs* [UK], *de cats in de gââ-den ââ gô-ign tou iit ep de maïs* [US]) (Les chats dans le jardin vont manger les souris.)

Accentuation des mots importants

Comment savoir quels mots accentuer en anglais ? Accentuez ceux qui sont les plus importants ! Autrement dit, les mots qui apportent le plus d'informations dans la phrase.

Accentuez les mots suivants :

- adjectifs
- adverbes
- verbes principaux
- la plupart des mots servant aux questions
- négations
- noms

Mais n'accentuez pas les mots suivants :

- articles
- verbes auxiliaires (sauf à la fin d'une phrase)
- conjonctions
- prépositions

- pronoms (d'une manière générale)
- le verbe **to be** (*tou bii*) (être)

Le chapitre 2 donne plus d'informations sur les termes grammaticaux des deux listes précédentes. Consultez aussi la table des matières, qui vous renverra vers d'autres points de grammaire traités dans le livre.

Exercez-vous à prononcer les phrases suivantes en gardant un battement régulier et en accentuant les syllabes soulignées :

- **Where can I find a bank?** (*ouèe can aï faïnd a bank* [UK], *h'ouèe can aï faïnd a bank* [US]) (Où puis-je trouver une banque ?)
- **I'd like to have some tea, please.** (*aïd laïk te h'av' sam tii pliiz* [UK], *aïd laïk te h'av' sem tii pliiz* [US]) (J'aimerais prendre du thé, s'il te plaît.)
- **I need to see a doctor.** (*aï niid te sii e dok-te* [UK], *aï niid te sii e dâk-te* [US]) (J'ai besoin de voir un médecin.)

Naturellement, si vous avez réellement besoin de voir un médecin, vous ne penserez pas au rythme ! Mais si vous pratiquez régulièrement l'anglais en vous appliquant à respecter le rythme, votre prononciation fera d'énormes progrès et aidera les gens à vous comprendre.

Comment accentuer les bonnes syllabes ?

Ne vous torturez pas à essayer de décider sur quelles syllabes placer l'accent en anglais. Bien que l'accentuation donne au début l'impression d'être complètement aléatoire, il existe certains schémas réguliers qui peuvent rendre moins stressante l'application du **stress** (accent tonique). C'est promis ! Les règles et les conseils ci-après peuvent vous aider à comprendre la façon d'accentuer certains mots, et à voir ce qui peut provoquer un déplacement de l'accent tonique.

Quelques règles

Êtes-vous décontenancé par cet accent tonique errant d'une syllabe à l'autre dans des mots comme **mechanize** (*mè-ke-naïz*) (mécaniser), **mechanic** (*mi-ca-nic*) (mécanicien) et **mechanization** (*mi-ke-ni-zéï-chen*) (mécanisation) ? Dans de nombreux mots, le suffixe (la terminaison) détermine la position de l'accent tonique. Le suffixe peut souvent vous dire aussi – en prime ! – si le mot est un nom, un verbe ou un adjectif. Voici quelques règles simples :

- Les substantifs qui se terminent en **-ment, -ion/-cion/-tion, -ian/-cian/-sian,** et en **-ity** sont accentués sur la syllabe qui précède le suffixe, comme dans les mots suivants :
  - **enjoyment** (*èn-djoï-m'nt*) (plaisir)
  - **opinion** (*e-pi-nien*) (opinion)
  - **reservation** (*ré-ze-véï-ch'n*) (réservation)
  - **possibility** (*po-si-bi-li-ti* [UK], *pâ-si-bi-li-ti* [US]) (possibilité)
- Les adjectifs qui se terminent en **-tial/-ial/-cial et -iou/-eous/-cious/-uous** sont accentués sur la syllabe qui précède le suffixe, comme dans les mots suivants :
  - **essential** (*i-sèn-chel*) (essentiel)
  - **usual** (*iou-jou-el*) (habituel)
  - **athletic** (*e-dzlè-tic*) (athlétique)
  - **curious** (*kioue-ri-es*) (curieux)

- Les mots qui se terminent en **-ize/-ise, -ate et en -ary** sont accentués sur l'avant-dernière syllabe avant le suffixe, comme dans les mots suivants :
  - **realize/realise** (*rî-e-laïz*) (se rendre compte de)
  - **graduate** (*grad-iou-éït*) (obtenir un diplôme)
  - **vocabulary** (*vo-ca-biou-le-ri*) (vocabulaire)

Quelques conseils d'ordre général sur les schémas d'accentuation

Les exemples de cette section illustrent des schémas généraux d'accentuation qui peuvent vous aider à parier intelligemment sur l'accentuation d'un mot. Il ne s'agit pas de règles pures et dures. Elles ne s'appliquent pas dans 100 % des cas (ni même 98 %), mais vous pouvez vous en servir quand vous hésitez sur la façon d'accentuer un mot.

- De nombreux substantifs de deux syllabes sont accentués sur la première syllabe. Si vous n'êtes pas sûr de la place de l'accent dans un nom de deux syllabes, accentuez la première – et ce sera probablement correct. Voici quelques exemples :
  - **English** (*ign-lich*) (anglais)
  - **music** (*miouou-zik*) (musique)
  - **paper** (*péï-pe*) (papier)
  - **table** (*téï-bel*) (table)
- Accentuez la racine du mot, non le préfixe ou le suffixe, dans la majorité des verbes, des adjectifs et des adverbes. Par exemple :
  - **dislike** (*dis-laïk*) (détester)
  - **lovely** (*lae-v'li* [UK], *le-v'li* [US]) (adorable)
  - **redo** (*rii-douou*) (refaire)
  - **unkind** (*aen-kaïnd* [UK], *en-kaïnd* [US]) (désobligeant)

- Accentuez le premier mot de la majorité des substantifs composés – les noms composés de deux noms ou davantage et dont le sens diffère de celui de chacun des mots individuels. Par exemple :
  - **ice cream** (*aïs-criim*) (glace)
  - **notebook** (*neout-bouc* [UK], *nôôt-bouc* [US]) (carnet)
  - **sunglasses** (*saen-glâôsez* [UK], *sen'-glaasez* [US]) (lunettes de soleil)
  - **week-end** (*ouiik-ènd*) (week-end)

Mots clés

alphabet	*al-fa-bèt*	alphabet
letter	*lè-tee*	lettre
consonant	*con-se-n'nt*	consonne
short vowel	*chort va-oul*	voyelle brève
long vowel	*logn va-oul*	voyelle longue
diphthong	*dif-dzogn*	diphtongue
voiced	*voïst*	sonore
voiceless	*voïs-lès*	sourde

Chapitre 2

Directement au cœur de la grammaire anglaise

DANS CE CHAPITRE :

- **Construction d'une phrase simple**
- **Formulation des questions**
- **Utilisation des noms, des verbes, des adjectifs et des adverbes**
- **Expression du passé, du présent et du futur**
- **Les articles**

La vue du mot « grammaire » vous donne-t-elle envie de fuir ou de mettre le livre de côté pour le reprendre un autre jour ? Je vous comprends. Mais ne laissez pas ce chapitre briser votre élan, car je ne vous assénerai pas toutes les règles de grammaire accompagnées de leurs innombrables exceptions. Je vous fournis à la place les indications essentielles pour vous permettre de comprendre l'anglais. J'explique de la façon la plus claire possible les éléments principaux de la grammaire ; les explications sont brèves et avenantes et vous montrent comment mettre ces éléments en pratique.

Comme de nombreux aspects de la grammaire anglaise ressemblent à la grammaire du français, vous n'avez pas à faire d'efforts pour mémoriser toutes les règles. Prenez seulement bonne note des aspects de la grammaire anglaise qui diffèrent des usages de la grammaire française. Je vous signale au passage certaines différences ou ressemblances.

Ne vous croyez pas obligé, du fait que ce chapitre porte sur la grammaire, de le lire en entier (bien que ce soit utile de le parcourir pour savoir ce qu'il y a dedans). Quand vous parviendrez à des endroits du livre où j'attire votre attention sur ce chapitre, vous pourrez toujours vous y référer.

Bien sûr, si la grammaire est de loin votre sujet d'étude préféré, vous adorerez ce chapitre ! Mais dans tous les autres cas, vous verrez qu'il est d'une lecture facile et regorge d'informations utiles.

Construction de phrases simples

Vous vous demandez peut-être comment la construction d'une phrase en anglais peut être simple, surtout si vous faites partie des milliers de gens qui trouvent l'étude de la grammaire aussi réjouissante qu'une opération de chirurgie dentaire (sans vouloir offenser les dentistes, bien sûr).

Pourtant, la création d'une phrase simple en anglais peut être aussi simple que de compter jusqu'à trois : 1, 2, 3 – si vous utilisez trois éléments de base, qui sont :

- **subject** (*saeb-djèct* [UK], *seb-djèct* [US]) (sujet)
- **verb** (*veeb*) (verbe)
- **object** (*ob-djèct* [UK], *âb-djèct* [US]) (complément)

Le sujet d'une phrase peut être un **noun** (*naoun*) (substantif) ou un **pronoun** (*preou-naoun* [UK], *prôô-naoun* [US]), (pronom), le **verb** peut être au présent, au passé ou au futur, et l'**object** est un terme général pour, disons, le reste de la phrase !

Construire une phrase en anglais peut s'apparenter à l'utilisation d'une formule algébrique. Pour ceux qui ont la bosse des maths, voici une « formule » de phrase simple : **Subject + verb + object**. Voici un exemple de cette structure :

» **I speak English.** (*aï spiik ign-lich*) (Je parle anglais.)

Vous pouvez communiquer des centaines – même des milliers – d'idées avec cette formule de phrase simple. Voici deux autres exemples :

» **English is easy.** (*ign-lich iz ii-zi*) (L'anglais c'est facile.)

» **We ate ice cream.** (*oui éït aïs criim*) (Nous avons mangé de la glace.)

Phrases négatives

Bien sûr, vous ne voulez pas toujours être affirmatif, et vous avez besoin de savoir comment construire aussi une phrase négative. La liste ci-après vous montre trois moyens simples pour former des phrases négatives en utilisant le mot **not** (*not* [UK], *nât* [US]) (ne... pas).

» Ajoutez **not** à une phrase simple *après* le verbe **to be** : **English is not difficult.** (*ign-lich iz not di-fi-kelt* [UK], *ign-lich iz nât di-fi-kelt* [US]) (L'anglais n'est pas difficile.)

» Ajoutez **do not** ou **does not** avant un verbe autre que **to be** : **She does not like hamburgers** (*chii daez not laïk h'am-be-guez* [UK], *chii dez nât laïk h'am-be-guez* [US]) (Elle n'aime pas les hamburgers.)

- Ajoutez **cannot** devant un verbe pour exprimer l'incapacité : **I cannot speak Chinese.** (*aï ca-not spiik tchaï-niiz*) (Je ne sais pas parler chinois.)

Vous trouverez d'autres indications sur les verbes **to be** et **to do** dans les sections sur les verbes et sur la formulation des questions, plus loin dans ce chapitre.

No par opposition à not

À RETENIR

La négation **no** ne s'utilise pas devant un *verbe* (comme en français, où la négation « non » ne s'utilise pas non plus devant un verbe). En revanche, vous pouvez, en anglais, rendre certaines phrases négatives en plaçant **no** devant un *nom*. L'exemple ci-après vous montre deux façons de dire la même phrase négative :

- **I do not have a car.** (*aï do not h'a-v' e cââ* [UK], *aï do nât h'a-v' e cââ* [US]) (Je n'ai pas de voiture.)
- **I have no car.** (*aï h'a-v' neou cââ* [UK], *aï h'a-v' nôô cââ* [US]) (Je n'ai pas de voiture.)

Utiliser les contractions comme un anglophone de naissance

Si vous voulez que votre anglais sonne davantage comme celui d'un Anglais ou d'un Américain – et pour que les gens vous comprennent mieux –, parlez en utilisant les contractions. Les contractions consistent à fondre deux mots en un seul, comme avec **I am** (*aï am*) (je suis), qui devient alors **I'm** (*aïm*) (je suis).

TRUC

Voici quelques-unes des contractions les plus courantes avec le verbe **to be** :

- » **you are** (*iou ââ*) (tu es/vous êtes) → **you're** (*iou-e*) (tu es/vous êtes)
- » **he is** (*h'ii iz*) (il est) → **he's** (*h'iiz*) (il est)
- » **she is** (*chii iz*) (elle est) → **she's** (*chiiz*) (elle est)
- » **it is** (*it iz*) (c'est) → **it's** (*its*) (c'est)
- » **we are** (*oui ââ*) (nous sommes) → **we're** (*ouir*) (nous sommes)
- » **they are** (*dèï ââ*) (ils/elles sont) → **they're** (*dèe*) (ils/elles sont)

Les négations sont presque toujours exprimées sous forme contractée elles aussi. Voici quelques-unes des plus courantes, mais notez que je ne vous indique pas de contraction pour **am not** (*am not*) (ne suis pas), parce qu'il n'y en a pas. À la place, on dit **I'm not** (*aïm not*) (je ne suis pas), en faisant la contraction de **I** et **am** :

- » **he is not** (*h'ii iz not* [UK], *h'ii iz nât* [US]) (il n'est pas) → **he isn't** (*h'ii izn't*) (il n'est pas)
- » **you are not** (*iou ââ not* [UK], *iou ââ nât* [US]) (tu n'es pas ou vous n'êtes pas) → **you aren't** (*iou âân't*) (tu n'es pas/vous n'êtes pas)
- » **I do not** (*aï douou not* [UK], *aï douou nât* [US]) (je ne... pas) → **I don't** (*aï deoun't* [UK], *aï dôôn't* [US]) (je ne... pas)
- » **he does not** (*h'ii daez not* [UK], *h'ii dez nât* [US]) (il ne... pas) → **he doesn't** (*h'ii daezn't* [UK], *h'ii dezn't* [US]) (il ne... pas)
- » **I cannot** (*aï ca-not*) (je ne peux pas) → **I can't** (*aï câân't* [UK], *aï caan't* [US]) (je ne peux pas)

CULTURE

En anglais américain, on utilise la contraction négative **don't have** (*dôôn't h'av* [US]) (n'ai pas) ou **doesn't have** (*dezn't h'av* [US]) (n'a pas) au lieu de **haven't** (*h'av'nt*) (n'ai pas) ou **hasn't** (*h'azn't*) (n'a pas). Aux États-Unis, vous entendrez la phrase **I don't have a car** (*aï dôôn't hav e cââ* [US]) (Je n'ai pas de voiture) beaucoup plus souvent que la version britannique **I haven't a car** (*aï h'av'nt e cââ*) (Je n'ai pas de voiture).

Questions, questions, questions

Contrairement aux Britanniques, auxquels leur culture impose une méticuleuse discrétion quant aux affaires d'autrui, les Américains posent sans cesse des questions, manifestant sans ambages leur curiosité, dont ils pensent qu'elle ne peut être interprétée que comme une marque d'intérêt pour la personne questionnée. Si vous devez vous rendre aux États-Unis, les sections qui suivent sont faites pour vous : vous comprendrez les questions, vous pourrez poser toutes celles que vous voudrez – et vous pourrez répondre à toutes les questions que les Américains vous poseront !

Questions « to be »

Les questions utilisant le verbe **to be** sont très fréquentes, comme **Are you hungry?** (*ââ iou h'aen-gri* [UK], *ââ iou h'en-gri* [US]) (As-tu/avez-vous faim ?) (Reportez-vous à la section « Verbes : communiquer des actes, des sentiments, des états », plus loin dans ce chapitre, pour plus d'informations sur le verbe **to be**.) Les questions **to be** commencent par une forme du verbe **to be**, suivie par le sujet de la phrase. En voici le schéma, illustré par les phrases suivantes :

- **Is she your sister?** (*iz chii ioue sis-tee*) (Est-elle ta sœur/votre sœur ?)
- **Are they American?** (*ââ dèï e-mè-ri-k'n*) (Sont-ils américains ?)

Une manière commode de formuler ce type de question consiste à imaginer une déclaration telle que : **You are my friend** (*iou ââ maï frèn'd*) (Tu es ou vous êtes mon ami(e)). Ensuite, vous inversez le sujet et le verbe, comme ceci : **Are you my friend?** (*ââ iou maï frèn'd*) (Es-tu ou êtes-vous mon ami(e) ?) Facile, non ? (Utilisez **am** avec **I**, **are** avec **you**, **we** et **they**, **is** avec **he**, **she** et **it**.)

Voici quelques autres exemples de phrases transformées en questions – et notez que vous n'êtes pas forcé de vous limiter au présent, vous pouvez aussi utiliser le temps dit **simple past** (*sim-p'l pââst*) (qu'il ne faut pas traduire par passé simple, car il rend notre passé simple mais aussi notre imparfait et en partie notre passé composé) :

- **The bus is late.**
  de baes iz léït' [UK]
  de bes iz léït' [US]
  Le bus est en retard.

  Is the bus late?
  iz de baes léït' [UK]
  iz de bes léït' [US]
  Le bus est-il en retard ?

- **The film** [UK]/**the movie** [US] **was good.**
  de film ouoz goud [UK]
  de mouou-vi ouâz goud [US]
  Le film était bon.

Was the film [UK]/**the movie** [US] **good?**

ouoz de film goud [UK]

ouâz de mouou-vi goud [US]

Le film était-il bon ?

En répondant à une question du type **to be**, faites attention de mettre dans la réponse le verbe qui convient. Si on vous demande **Are you hungry?** (*ââ iou h'aen-gri* [UK], *ââ iou h'en-gri* [US]) (As-tu ou avez-vous faim ?), ne dites pas **Yes, I *do*** (*iès aï douou*) (Oui, je le fais) ou **Yes, I *are*** (*iès, aï ââ*) (Oui, je le sont). Dites **Yes, I am** (*iès aï am*) (Oui, j'ai faim [littéralement : je le suis]). À la question **Is she your sister?** (*iz chii ioue sis-te* [UK], *iz chii iôô sis-te* [US]) (Est-elle ta sœur ou votre sœur ?), répondez **Yes, she is** (*iès chii iz*) (Oui, elle l'est).

Questions « to do »

D'autres questions très courantes sont celles qui commencent par **do** (*douou*) (faire). On utilise souvent le mot **do** ou le mot **does** pour commencer une question quand le verbe principal n'est pas **to be**, comme dans la question ***Do* you speak English?** (*douou iou spiik ign-lich*) (Parles-tu/parlez-vous anglais ?) (Utilisez **do** avec **I**, **you**, **we** et **they**, utilisez **does** avec **he**, **she** et **it**.)

Il est très facile de composer une question avec **to do**. Il suffit de placer le mot **do** ou **does** en tête de la phrase et voilà – vous avez une question ! Enfin, presque. Vous devez aussi mettre le verbe dans sa forme de base, comme dans les exemples ci-après :

- **He speaks my language.**
  h'ii spiiks maï lan-goué-dj'
  Il parle ma langue.

Does he speak my language?
daez h'ii spiik maï lan-goué-dj' [UK]
dez h'ii spiik maï lan-goué-dj' [US]
Parle-t-il ma langue ?

- **You love me!**
  iou laev mi [UK]
  iou lev me [US]
  Tu m'aimes/vous m'aimez !

  Do you love me?
  dou iou laev mi [UK]
  dou iou lev mi [US]
  M'aimes-tu ?/M'aimez-vous ?

Pour formuler une question relative au passé, utilisez **did** (*did*) (fis/fit) – le passé de **do** – et le verbe principal dans sa forme de base, comme ceci : ***Did* she read this book?** (*did chi rîîd dis bouc*) (A-t-elle lu ce livre ?). Les exemples ci-après vous montrent comment une affirmation au passé peut devenir une question :

- **You liked the film** [UK]/**the movie.** [US]
  iou laï-k't de film [UK]
  iou laï-k't de mouou-vi [US]
  Tu as/vous avez aimé le film.

  ***Did* you like the film** [UK]/**the movie?** [US]
  did iou laïk de film [UK]
  did iou laïk de mouou-vi [US]
  As-tu/avez-vous aimé le film ?

Questions what, when, where et why

Beaucoup de questions – en anglais comme en français – commencent par un « mot de question » comme : que, où, quand, comment, etc. Les questions qui commencent par ces mots sont parfois appelées **information questions** (*in-fo-méï-ch'n kouèst-ch'nz*) (questions d'information) parce que la réponse fournit une information spécifique. Voici les mots d'interrogation les plus courants :

- **what** (*ouot* [UK], *h'ouât* [US]) (que)
- **when** (*ouèn* [UK], *h'ouèn* [US]) (quand)
- **where** (*ouèe* [UK], *h'ouèe* [US]) (où)
- **who** (*h'ouou*) (qui)
- **why** (*ouaï* [UK], *h'ouaï* [US]) (pourquoi)
- **how** (*h'aou*) (comment)
- **how many** (*h'aou mè-ni*) (combien [si la réponse est un nombre])
- **how much** (*h'aou maetch* [UK], *h'aou metch* [US]) (combien [dans les autres cas])

Si vous avez regardé les sections précédentes qui montrent comment poser des questions qui commencent par **to be** et **to do**, vous savez déjà quelque chose sur la façon de poser les questions d'information. Vous les posez en ajoutant simplement un mot de question à une question **to be** ou à une question **to do**. Les exemples ci-après montrent ce que je veux dire :

- **Is she crying?**

  iz chi craï-ign

  Pleure-t-elle ?

  ***Why* is she crying?**

  ouaï iz chi craï-ign [UK]

  h'ouaï iz chi craï-ign [US]

  Pourquoi pleure-t-elle ?

- **Do you love me?**
  dou iou laev mi [UK]
  dou iou lev mi [US]
  M'aimes-tu/m'aimez-vous ?

  ***How much* do you love me?**
  h'aou maetch dou iou laev mi [UK]
  h'aou metch dou iou lev mi [US]
  Combien m'aimes-tu/m'aimez-vous ?

Examinez les questions d'information suivantes et observez la nature des informations demandées par la question :

- ***What* is your name?**
  ouot iz ioue néïm' [UK]
  h'ouât iz ioue néïm' [US]
  Quel est ton/votre nom ?

  My name is *Sara*.
  maï néïm' iz sa-ra
  Mon nom est Sara.
- ***Where* do you live?**
  ouèe dou iou liv [UK]
  h'ouèe dou iou liv [US]
  Où habites-tu/habitez-vous ?

  I live on *Mission Street*.
  aï liv on' mi-ch'n striit
  J'habite rue Mission.
- ***When* is the concert?**
  ouèn iz de con-seet [UK]
  h'ouèn iz de cân-seet [US]
  Quand a lieu le concert ?

  It's tonight *at 8:00 p.m.*
  its te-naït at éït pi-èm
  C'est ce soir à 20 heures.

- ***How much* does it cost?**

  h'aou maetch daez it cost [UK]

  h'aou metch dez it cost [US]

  Combien cela coûte-t-il ?

  It costs *20 dollars.*

  it costs tou-èn-ti do-lez [UK]

  it costs tou-èn-ti dâ-lez [US]

  Cela coûte 20 dollars.

- ***Who* is going with you?**

  h'ou iz go-ign ouid iou

  Qui vient avec toi/vous ?

  ***You* are!**

  iou ââ

  C'est toi/vous !

Vous pouvez poser des questions sur beaucoup d'autres choses en ajoutant simplement un mot spécifique après le mot de question **what**. Jetez un coup d'œil sur les exemples de question suivants (et leurs réponses) :

- ***What day* is it?**

  ouot dèï iz it [UK]

  h'ouât dèï iz it [US]

  Quel jour sommes-nous ?

  Saturday.

  sa-te-di

  Samedi.

- ***What time* is it?**

  ouot taïm iz it [UK]

  h'ouât taïm iz it [US]

  Quelle heure est-il ?

  10:00 a.m.

  tèn éï-èm

  10 heures du matin.

- ***What bus* do I take?**
  ouot baes dou aï téïk [UK]
  h'ouât bes dou aï téïk [US]
  Quel bus dois-je prendre ?
  - **Take bus # 4.**
    téïk baes naem-be foo [UK]
    téïk bes nem-be foo [US]
    Prends/prenez le bus n° 4.
- ***What school* do you attend?**
  ouot skououl dou iou e-tèn'd [UK]
  h'ouât skououl dou iou e-tèn'd [US]
  Dans quel établissement étudies-tu/étudiez-vous ?
  - **Mills College.**
    milz co-lèdj
    À l'université Mills.

DES QUESTIONS POUR ENRICHIR VOTRE ANGLAIS

Parmi les questions en anglais les plus utiles (à part « Où est la banque ? » et « Où sont les toilettes ? »), je vous recommande les questions qui vous aident à découvrir davantage de choses sur l'anglais et à l'utiliser correctement. Voici quatre questions qui peuvent contribuer à améliorer votre anglais :

» **What does this mean?** (*ouot daez dis mean* [UK], *h'ouât dez dis mean* [US]) (Qu'est-ce que ça veut dire ?)

» **How do you say... in English?** (*h'aou dou iou say... in ign-lich*) (Comment dit-on... en anglais ?)

» **How do you spell...?** (*h'aou dou iou spèl*) (Comment écrit-on... ?)

» **How do you pronounce this?** (*h'aou dou iou pre-naou-n's dis*) (Comment prononce-t-on ceci ?)

Substantifs : personnes, lieux et objets

En anglais comme en français, les *substantifs* peuvent désigner des gens (comme Einstein ou la tante Alice), des lieux (comme le Grand Canyon et la Bretagne) ou des choses (comme des livres ou des circonstances générales). Les substantifs peuvent être au singulier ou au pluriel. (J'explique plus loin comment mettre les substantifs au pluriel en anglais.)

Voici une bonne nouvelle : vous pouvez utiliser l'article **the** avec des substantifs au singulier ou au pluriel. (Vous trouverez davantage d'indications sur la manière d'utiliser **the** et les articles singuliers **a** et **an** sous le titre « Les trois articles : **a**, **an**, **the** », plus loin dans ce chapitre.)

Voici une différence importante entre les substantifs anglais et les substantifs français. En français, les substantifs ont le plus souvent un genre. Mais en anglais, les **nouns** (*naounz*) (substantifs) ne sont ni **masculine** (*mas-kiou-lin*) (masculins) ni **feminine** (*fé-mi-nin*) (féminins). C'est l'une de ces choses qui sont plus faciles en anglais. Encore une bonne nouvelle !

Venons-en maintenant à la formation des pluriels. En anglais, les substantifs sont **singular** (*sin-guiou-lee*) (au singulier) ou **plural** (*plouou-rel*) (au pluriel). Par exemple, vous pouvez avoir un **boyfriend** (*boï-frènd*) (petit ami) ou de nombreux **boyfriends** (*boï-frèndz*) (petits amis) ! La terminaison courante de la plupart des substantifs au pluriel est -s ou -es, mais certains substantifs ont des pluriels fantaisistes.

TRUC

Voici quelques règles pratiques qui vous aideront à former des pluriels **easy as pie** (*ii-zi az paï*) (faciles comme du pâté).

» Ajoutez **-s** à la plupart des substantifs qui se terminent par une voyelle ou une consonne, comme pour :

- **days** (*dèïz*) (jours)
- **words** (*ouedz*) (mots)

» Dans le cas des substantifs qui se terminent par une **consonant + y**, enlevez le **y** et remplacez-le par **-ies**, comme dans :

- **parties** (*pââ-tiiz*) (fêtes)
- **stories** (*stôô-riz*) (histoires)

» Ajoutez **-es** aux substantifs qui se terminent en **-s**, **-ss**, **-ch**, **-x**, **-y**, **-z**. Par exemple :

- **buses** (*bae-s'z* [UK], *be-sez* [US]) (autobus au pluriel)
- **kisses** (*ki-s'z*) (baisers)
- **lunches** (*laen-ch'z* [UK], *len-ch'z* [US]) (déjeuners)

» Pour les noms qui finissent en **-f** ou **-fe**, remplacez la terminaison par **-ves**. Par exemple :

- **half** (*h'ââf* [UK], *h'aaf* [US]) (demi) → **halves** (*h'ââv'z* [UK], *h'aav'z* [US]) (demis)
- **life** (*laïf*) (vie) → **lives** (*laïv'z*) (vies)

» Quelques substantifs ont la même forme au singulier et au pluriel. Par exemple :

- **fish** (*fich*) (poisson) → **fish** (*fich*) (poissons)
- **sheep** (*chiip*) (mouton) → **sheep** (*chiip*) (moutons)

- Quelques substantifs ont un pluriel complètement différent du singulier. Par exemple :
  - **foot** (*fout*) (pied) → **feet** (*fiit*) (pieds)
  - **man** (*man*) (homme) → **men** (*mèn*) (hommes)
  - **person** (*pee-s'n*) (personne) → **people** (*pii-p'l*) (personnes)
  - **woman** (*wou-men*) (femme) → **women** (*oui-min*) (femmes)

You et I : pronoms personnels

Les **pronouns** (*preou-naounz* [UK], *prôô-naounz* [US]) (pronoms) sont une formidable invention. Ces mots sont petits, mais ils peuvent porter deux fois leur taille et leur poids en remplaçant les noms. L'utilisation des pronoms en anglais ressemble à bien des égards à l'utilisation des pronoms en français.

Les **subject pronouns** (*saeb-dject preou-naounz* [UK], *seb-dject prôô-naounz* [US]) (pronoms personnels sujets) sont des pronoms qui se substituent au sujet d'une phrase.

En voici la liste :

- **I** (*aï*) (je)
- **You** (*iou*) (tu/vous)
- **He** (*h'ii*) (il)
- **She** (*chii*) (elle)
- **It** (*it*) (pronom utilisé comme sujet pour représenter des entités qui ne sont ni masculines ni féminines)
- **We** (*oui*) (nous)
- **They** (*dèï*) (ils/elles/pluriel de **it**)

CULTURE

Il n'y a qu'une seule forme **you** en anglais, et il n'est pas nécessaire de distinguer entre un **you** informel (tu en français) et un **you** formel (vous en français). Il est donc parfaitement poli d'utiliser **you** aussi bien dans les situations formelles que dans les situations informelles.

Observez les couples de phrases ci-après et notez la façon dont le sujet de la première phrase est remplacé par un pronom dans la seconde phrase :

- ***Tommy* went to Brittany.**
  to-mi ouèn't tou bri-te-ni [UK]
  tâ-mi ouèn't tou bri-te-ni [US]
  Tommy a été en Bretagne.

  ***He* went to Brittany.**
  h'ii ouèn't tou bri-te-ni
  Il a été en Bretagne.
- ***Paola* lives there.**
  pao-la livz dèe
  Paola y habite.

  ***She* lives there.**
  chii livz dèe
  Elle y habite.
- ***Brittany* is a beautiful country.**
  bri-te-ni iz e biou-ti-foul caen-tri [UK]
  bri-te-ni iz e biou-ti-foul ken-tri [US]
  La Bretagne est un beau pays.

  ***It* is a beautiful country.**
  it iz e biou-ti-foul caen-tri [UK]
  it iz e biou-ti-foul ken-tri [US]
  C'est un beau pays.

***Tommy* and *Paola* are friends.**

to-mi and pao-la ââ frèndz [UK]

tâ-mi and pao-la ââ frèndz [US]

Tommy et Paola sont amis.

> ***They* are friends.**
>
> *dèï ââ frèndz*
>
> Ils sont amis.

À RETENIR

You (tu/vous) et **I** (je/moi) ensemble équivalent à **we**. En anglais comme en français, chaque fois que le sujet vous inclut en même temps que d'autres personnes, vous devez utiliser le pronom **we**, et non pas **they**. Par exemple :

- ***Joan* and *I* are sisters.**

  djeoun and aï ââ sis-tez

  Joan et moi sommes sœurs.

  > ***We* are sisters.**
  >
  > *oui ââ sis-tez*

  Nous sommes sœurs.

- ***My wife, kids, and I* took a holiday** [UK]/**a vacation.** [US]

  maï ouaïf kidz and aï touk e h'o-li-dè [UK]

  maï ouaïf kidz and aï touk e ve-kéï-ch'n [US]

  Ma femme, les enfants et moi avons pris des vacances.

  > **We took a holiday** [UK]/**a vacation.** [US]
  >
  > *oui touk e h'o-li-dè* [UK]
  >
  > *oui touk a ve-kéï-ch'n* [US]
  >
  > Nous avons pris des vacances.

TRUC

Vous n'aurez aucun mal à utiliser les pronoms personnels comme les anglophones de naissance. Gardez seulement à l'esprit les ressemblances et différences suivantes par rapport au français :

- Les formes verbales, en anglais, sont beaucoup moins différenciées qu'en français selon qu'il s'agit du singulier, du pluriel ou de la première, deuxième ou troisième personne. C'est pourquoi (comme d'ailleurs en français) le sujet – à une exception près – n'est jamais implicite. Il faut un sujet, nom ou pronom.
- Voici l'exception : le sujet est omis dans le cas de l'impératif, car alors le sujet est censé être **you**, par exemple : **Come here** (*caem h'ie* [UK], *kem h'ie* [US]) (Viens/venez ici), **Sit down** (*sit daoun*) (Assieds-toi/ asseyez-vous) et **Help!** (*h'èlp*) (Au secours !).
- Utilisez le pronom **it** pour des animaux. Mais si vous connaissez le genre de l'animal, vous pouvez utiliser **he** ou **she**. Par exemple, si vous savez que **Molly** est une chatte, vous pouvez dire **She's very affectionate** (*chi'z vè-ri e-fèk-che-nit*) (Elle est très affectueuse).
- Utilisez le pronom **they** pour les animaux et les choses. Par exemple : si vous achetez des livres, vous pouvez dire **They are interesting** (*dèï ââ in-tris-tign*) (Ils sont intéressants).

Nous en avons terminé avec les pronoms utilisés comme sujets des verbes. L'utilisation des pronoms comme compléments est décrite au chapitre 9.

VOUS D'ABORD

En anglais – comme en français – il est à la fois poli et grammaticalement correct de se mentionner en dernier quand **I** fait partie du sujet. C'est pourquoi vous devez dire **My friends and I…** (*maï frèndz end aï*) (Mes amis et moi…), et non pas **I and my friends…** (*aï and maï frèndz*) (Moi et mes amis…). Ou vous pouvez dire quelque chose comme **Lani, Julie, and I are friends** (*la-ni djouou-li end aï ââ frèndz*) (Lani, Julie et moi sommes amis). Souvenez-vous : soyez courtois et laissez toujours passer les autres avant vous.

Verbes : communiquer des actes, des sentiments, des états

Un **verb** (*veeb*) (verbe) peut permettre à une phrase d'exprimer l'action, le sentiment ou l'état. Il s'agit alors d'un type de verbe principal (par opposition aux verbes auxiliaires). De tels verbes font le travail principal de la phrase.

En voici des exemples :

- **We ate a pizza.** (*oui éït e pi-dza*) (Nous avons mangé une pizza.)
- **I like cheese pizza.** (*aï laïk tchiiz pi-dza*) (J'aime la pizza au fromage.)
- **Pizza is yummy!** (*pi-dza iz iae-mi* [UK], *pidza iz ie-mi* [US]) (La pizza, j'adore !)

Certains verbes peuvent aussi servir à « assister » des verbes principaux – on les appelle **auxiliary verbs** (*oog-zi-lie-ri veebz* [UK], *ââg-zi-lie-ri veebz* [US]) (verbes auxiliaires). Dans les phrases suivantes, les **auxiliary verbs** (en *italique*) assistent les verbes principaux **reading** et **give** :

» **You are reading this book.** (*iou ââ rii-dign dis bouc*) (Tu lis/vous lisez ce livre.)

» **He *can* give you some grammar tips.** (*it can giv iou saem gra-me tips* [UK], *it can giv iou sem gra-me tips* [US]) (Il peut t'apporter/vous apporter des conseils sur la grammaire.)

Les verbes peuvent être réguliers ou irréguliers dans leur conjugaison :

» **Regular verbs** (*rè-guiou-le veebz*) (verbes réguliers) : leur conjugaison est conforme à un schéma standard.

» **Irregular verbs** (*i-rè-guiou-le veebz*) (verbes irréguliers) : eh bien ! ce sont des verbes dont le schéma de conjugaison n'est pas régulier. (J'expliquerai ce que j'entends par là un peu plus loin.)

Verbes réguliers

La mémorisation de la conjugaison des verbes est en général fastidieuse, mais j'ai pour vous une excellente nouvelle : presque tous les verbes anglais sont réguliers au temps présent. (J'explique les temps dans la section « Attention au choix des temps en anglais », un peu plus loin dans ce chapitre.) Et mieux encore, ils se conjuguent exactement de la même manière sauf à la troisième personne du singulier (**he**, **she** et **it**).

À titre d'exemple, voici la conjugaison des verbes réguliers (très utiles) **to love** (*tou laev* [UK], *tou lev* [US]) (aimer) et **to kiss** (*tou kis*) (embrasser) :

Conjugaison	Prononciation
To love	
I love	*aï laev* [UK], *aï lev* [US]
you love	*iou laev* [UK], *iou lev* [US]
he/she loves	*h'ii/chii laevz* [UK], *h'ii/chii levz* [US]
it loves	*it laevz* [UK], *it levz* [US]
we love	*oui laev* [UK], *oui lev* [US]
they love	*dèï laev* [UK], *dèï lev* [US]
To kiss	
I kis	*aï kis*
you kiss	*iou kis*
he/she kisses	*h'ii/chii kisiz*
it kisses	*it kisiz*
we kiss	*oui kis*
they kiss	*dèï kis*

À RETENIR

La seule particularité de la conjugaison d'un verbe régulier est la terminaison de la troisième personne du singulier. **He**, **she** et **it** sont des *singuliers*, mais la terminaison du verbe est une terminaison de *pluriels*. Soyez sur vos gardes ! Par ailleurs, ne vous laissez pas aller à ajouter **-s** ou **-es** à des verbes qui ont comme sujet des substantifs au pluriel ou les pronoms **we** et **they**.

Verbes irréguliers

Aujourd'hui est votre jour de chance, car pour l'instant je ne vous demande de mémoriser que deux verbes irréguliers : **to have** (*tou h'av*) (avoir) et **to be** (*tou bii*) (être). Voici la conjugaison, au présent, de ces deux verbes excentriques :

Conjugaison	Prononciation
To have	
I have	*aï h'a-v'*
you have	*iou h'a-v'*
he/she has	*h'ii/chii h'az*
it has	*it h'az*
we have	*oui h'a-v'*
they have	*dèï h'a-v'*
To be	
I am	*aï am*
you are	*iou ââ*
he/she is	*h'ii/chii iz*
it is	*it iz*
we are	*oui ââ*
they are	*dèï ââ*

Être ou ne pas être : utilisation du verbe « to be »

Le verbe **to be** est un verbe très actif : il a énormément de choses à faire en anglais. Voici quelques informations sur quatre de ses différents métiers (pas nécessairement en ordre d'importance) :

- Utilisez **to be** devant les substantifs et les adjectifs pour indiquer une identité ou un état :
  Molly and Dixie *are* cats. (*mo-li and di-ksi ââ cats* [UK], *mâ-li and di-ksi ââ cats* [US]) (Molly et Dixie sont des chats.)
  It *is* a beautiful day. (*it iz e biouou-ti-foul dèï*) (C'est un beau jour.)
  I *am* lost. (*aï am lost* [UK], *aï am lâst* [US]) (Je suis perdu(e).)
- Utilisez **to be** comme **auxiliary verb** aux temps présent continu et passé continu. Voici deux exemples, le premier au présent continu et le second au passé continu :
  The world *is* turning. (*de oueld iz tee-nign*) (Le monde tourne.)
  I *was* writing this book last year. (*aï ouez raï-tign dis bouc lââst iee* [UK], *aï ouez raï-tign dis bouc laast iee* [US]) (J'écrivais ce livre l'année dernière.)
- Utilisez **to be** comme **auxiliary verb** dans les cas où le futur est rendu par le verbe **going to** (*gô-ign tou*) (aller) :
  You *are* going to speak English very well. (*iou ââ gô-ign tou spiik ign-lich vè-ri ouèl*) (Tu vas/vous allez parler très bien anglais.)
  The cats *are* going to sleep all day. (*de cats ââ gô-ign tou sliip ôôl dèï* [UK], *de cats ââ gô-ign tou sliip ââl dèï* [US]) (Les chats vont dormir toute la journée.)

Je parle davantage des temps présent et passé continus, ainsi que des temps futurs, à la section suivante.

- Utilisez **to be** pour indiquer un emplacement :
  My home *is* in California. (*maï h'eoum iz in ka-li-foo-nie* [UK], *maï h'ôôm iz in ka-li-foo-nie* [US]) (Ma maison est en Californie.)
  The bus stop *is* over there. (*de baes stop iz eou-ve dèe* [UK], *de bes stâp iz ôô-ve dèe* [US]) (L'arrêt du bus est là-bas.)

À RETENIR

En anglais, vous utilisez le verbe **to be** – non le verbe **to have** – pour indiquer l'âge. Dites **I *am* 25 years old** (*aï am touèn-ti faïv iiez eould* [UK], *aï am touèn-ti faïv iiez ôôld* [US]) (J'ai 25 ans) et non **I *have* 25 years** (*aï h'av touèn-ti faïv iiez*), ce qui pourrait sous-entendre que vous devez encore passer 25 ans en prison !

Attention au choix des temps en anglais

Comme la plupart des langues, l'anglais dispose de nombreux temps répondant à des besoins spécifiques. La bonne nouvelle est que vous pouvez vous contenter de quelques temps de base pour exprimer à peu près tout ce que vous voulez. Dans cette section, je vous aide à éliminer la **tension** (*tèn-chen*) (tension) de ces **tenses** (*tèn-sez*) (temps) en vous donnant quelques règles simples d'utilisation du présent, du passé et du futur.

Pour commencer, examinez bien les exemples ci-après d'utilisation du verbe régulier **to walk** (*tou ouôôk* [UK], *tou ouââk* [US]) (marcher) :

- Présent : **I walk to school every day.** (*aï ouôôk tou skououl èv-ri dèï* [UK], *aï ouââk tou skououl èv-ri dèï* [US]) (Je marche jusqu'à l'école chaque jour.)

- Passé : **I walked to school yesterday.** (*aï ouôôk't tou skououl ièṣ-te-dèï* [UK], *aï ouââk't tou skououl ièṣ-te-dèï* [US]) (J'ai marché jusqu'à l'école hier.)
- Futur : **I will walk to school again tomorrow.** (*aï ouil ouôôk tou skououl e-guéïn te-mo-reou* [UK], *aï ouil ouââk tou skououl e-guéïn te-mâ-rôô* [US]) (Je marcherai de nouveau jusqu'à l'école demain.)

Le présent simple

Je vais vous donner deux présents pour le prix d'un : deux formes du temps présent pour la conversation de tous les jours. Le premier temps est le **simple present** (*sim-p'l prè-zen't*) (présent simple). Utilisez ce temps pour parler d'activités ou d'événements fréquents ou habituels. Par exemple, **I jog everyday** (*aï djog é-vri-dèï* [UK], *aï djâg é-vri-dèï* [US]) (Je cours tous les jours). **To be** est aussi utilisé pour exprimer un état dans lequel on se trouve ou pour citer un fait, comme **The sun is hot** (*de saen iz h'ot* [UK], *de sen iz h'ât* [US]) (Le soleil est chaud).

La liste suivante comporte quelques autres exemples de présent simple (en *italique*) :

- **It *rains* every day.** (*it raïnz é-vri-dèï*) (Il pleut chaque jour.)
- **Dixie *likes* milk.** (*di-ksi laïks milk*) (Dixie aime le lait.)
- **She *is* 3 years old.** (*chii iz dzri ieez eould* [UK], *chii iz dzri ieez ôôld* [US]) (Elle a trois ans.)

TRUC

Les adverbes **always** (*ôôl-ouèz* [UK], *ââl-ouèz* [US]) (toujours), **usually** (*iou-jou-e-li*) (habituellement) et **never** (*nè-vee*) (jamais) sont souvent utilisés avec le présent simple pour indiquer la fréquence ou la rareté d'activités courantes.

Voici quelques exemples :

- **I always wake up at seven a.m.** (*aï ôôl-ouèz ouéïk aep at sè-ven éï-èm* [UK], *aï ââl-ouèz ouéïk ep at sè-ven éï-èm* [US]) (Je me réveille toujours à sept heures du matin.)
- **Really? I never wake up that early.** (*ri-e-li aï nè-ve ouéïk aep dat ee-li* [UK], *ri-e-li aï nè-ve ouéïk ep dat ee-li* [US]) (Vraiment ? Je ne me réveille jamais si tôt.)
- **I usually sleep until nine.** (*aï iou-joue-li sliip aen-til naïn* [UK], *aï iou-joue-li sliip en-til naïn* [US]) (Je dors habituellement jusqu'à neuf heures.)

Le présent continu

Le second temps présent que je vais vous montrer est le temps du **present continuous** (*prè-zen't ken-ti-niou-es*) (présent continu). Utilisez ce temps pour parler de choses qui se passent maintenant – en ce moment ou à ce moment-ci de votre vie. Par exemple :

- **It *is* raining right now.** (*it iz réï-nign raït naou*) (Il pleut en ce moment.)
- **Dixie *is* drinking milk.** (*di-ksi iz drin-kign milk*) (Dixie est en train de boire du lait.)
- **I *am* learning English.** (*aï am lee-nign ign-lich*) (J'apprends l'anglais.)

Pour ceux qui aiment les maths, voici la formule du présent continu : **to be + main verb + -ing**.

Et pensez à conjuguer correctement le verbe **to be**. Par exemple :

- **I am reading this book.** (*aï am rii-dign dis bouc*) (Je suis en train de lire ce livre.)
- **She is reading this book.** (*chii iz rii-dign dis bouc*) (Elle est en train de lire ce livre.)

Vous trouverez davantage de détails sur la conjugaison du verbe **to be** à la section « Verbes irréguliers ».

Si l'on vous pose une question au présent continu, répondez en utilisant le même temps. Voici quelques exemples de question et de réponse :

- **What are you doing?** (*ouot ââ iou dou-ign* [UK], *h'ouât ââ iou dou-ign* [US]) (Que fais-tu/faites-vous ?)
- **I am cleaning the house.** (*aï am clii-nign de h'aous*) (Je nettoie la maison.)
- **Where are you going?** (*ouèe ââ iou gô-ign* [UK], *h'ouèe ââ iou gô-ign* [US]) (Où vas-tu/allez-vous ?)
- **I am going to the shop** [UK]/**to the store** [US]. (*aï am gô-ign tou de chop* [UK], *aï am gô-ign tou de stôôe* [US]) (Je vais au magasin.)

Veillez à ce que le sujet de la phrase soit effectivement en mesure d'effectuer l'action qui suit. Par exemple, si vous voulez dire **I'm reading a book** (*aïm rii-dign e bouc*) (Je suis en train de lire un livre), ne dites pas : **The book is reading** (*de bouc iz rii-dign*) (Le livre est en train de lire) ! En anglais (ou dans toute autre langue), c'est absurde : un livre ne sait pas lire !

Le simple past

« Oublie le passé ! » disent certains, mais quand il s'agit d'apprendre une langue, se souvenir du passé – ou plutôt des formes du temps passé – vous ouvre un univers de possibilités. En anglais, vous avez besoin du temps passé au moins aussi souvent que du présent, peut-être davantage.

Servez-vous du **simple past** (*sim-pel pââst* [UK], *sim-pel paast* [US]) (mot à mot « passé simple » – mais ce temps n'a pas les mêmes règles d'utilisation que le passé simple français) pour parler d'une action ou d'un événement commencés ET terminés dans le passé. Avec le **simple past**, vous utilisez souvent des mots indiquant le passé, comme **yesterday** (*iès-te-dèi*) (hier), **last week** (*lââst ouiik* [UK], *laast ouiik* [US]) (la semaine dernière), **in 1999** (*in naïn-tiin naïn-ti naïn*) (en 1999), et ainsi de suite.

Le **simple past** est formé des deux façons suivantes :

- En ajoutant **-ed** à la fin des verbes dont le passé est régulier.
- En utilisant la forme irrégulière du passé pour les autres verbes.

Verbes dont le passé est régulier

Temps passé ! (Pensez simplement : votre ami Ed est un type régulier.) Voici des exemples de temps passé régulier :

- **I called my mother last night.** (*aï côôld maï mae-de lââst naït* [UK], *aï câăld maï me-de laast naït* [US]) (J'ai appelé ma mère hier soir.)
- **She answered the phone.** (*chii ân-seed de feoun* [UK], *chii an-seed de fôôn* [US]) (Elle a répondu au téléphone.)
- **We talked for a long time.** (*oui tôôkt fer e loogn taïm* [UK], *oui tââkt fer e lââgn taïm* [US]) (Nous avons parlé longtemps.)

Si un verbe se termine par la voyelle **-e**, ajoutez simplement **-d**. Dans le cas des verbes qui se terminent par une consonne plus **y**, comme **study** (*stae-di* [UK], *ste-di* [US]) (étudier), le passé se forme en changeant le **y** en **i** et en ajoutant **-ed**, comme dans **studied** (*stae-did* [UK], *ste-did* [US]) (étudiai/étudia.../étudié) et **tried** (*traïd*) (essayai/essaya.../essayé).

Verbes dont le temps passé est irrégulier

Près d'une centaine de verbes courants ont des formes de temps passé irrégulières. Mais ne paniquez pas. Vous les découvrirez au fur et à mesure de votre lecture du livre. Et bientôt, vous les connaîtrez tous – c'est promis !

Et mieux encore, à l'exception du verbe **to be**, ils n'ont tous qu'une seule forme. Par exemple, le **simple past** de **have** est **had** (*h'ad*) (eus/eut/avais.../eu).

Dans les exemples suivants, qui vous réchaufferont le cœur, les verbes aux formes passées irrégulières sont en italique :

- **I *wrote* a love letter to my sweetheart.** (*aï oureout' e laev lè-te tou maï souit-h'âât* [UK], *aï ourôôt' e lev lè-te tou maï souit-h'âât* [US]) (J'ai écrit une lettre d'amour à mon/ma petit(e) ami(e).)
- **She/he *read* it and said "I love you".** (*chii/h'ii rèd it and sèd aï laev iou* [UK], *chii/h'ii rèd it and sèd aï lev iou* [US]) (Il/elle l'a lue et a dit « Je t'aime ».)
- **I *felt* very happy.** (*aï felt vè-ri h'a-pi*) (Je me suis senti(e) très heureux/heureuse.)

Le verbe **to be** présente deux formes au **simple past** : **was** et **were**.

- **I was** (*aï ouoz* [UK], *aï ouâz* [US]) (Je fus/j'étais/j'ai été)
- **You were** (*iou ouee*) (Tu fus/tu étais/tu as été/vous fûtes/vous étiez/vous avez été)
- **He/she/it was** (*h'ii/chii/it ouoz* [UK], *h'ii/chii/it ouâz* [US]) (Il/elle fut/était/a été)
- **We were** (*oui ouee*) (Nous fûmes/nous étions/nous avons été)
- **They were** (*dèi ouee*) (Ils/elles furent/étaient/ont été)

Le passé continu

Si vous savez former le temps du présent continu, vous pouvez facilement former aussi le **continuous past** (*ken-ti-niou-es pââst* [UK], *ken-ti-niou-es paast* [US]) (passé continu). Vous utilisez ce temps pour parler d'une chose qui s'est produite pendant un certain temps dans le passé. Par exemple :

- **It was raining last night.** (*it ouoz réï-nign lââst naït* [UK], *it ouâz réï-nign laast naït* [US]) (Il a plu la nuit dernière.)
- **We were walking in the rain.** (*oui ouee ouôô-kign in de réïn* [UK], *oui ouee ouââ kign in de réïn* [US]) (Nous marchions sous la pluie.)

Voici pourquoi rien n'est plus facile que de former le passé continu : si vous savez former le présent continu avec le verbe **to be + -ing**, vous mettez simplement le verbe **to be** au temps passé, et – ça y est ! – vous avez créé le passé continu. Les deux exemples ci-après vous montrent ce que je veux dire :

- **I am living in the U.S.** (*aï am li-vign in di iou-ès*) (J'habite aux États-Unis.)

- **I was living in my country last year.** (*aï ouoz li-vign in maï caen-tri lââst iee* [UK], *aï ouâz li-vign in maï ken-tri laast iee* [US]) (J'habitais dans mon pays l'année dernière.)

Le futur : will et going to

Vous disposez de deux façons également correctes de parler du futur, cependant les gens tendent à utiliser l'une ou l'autre selon le but recherché. (Je vous en dirai bientôt davantage sur ce point.)

Vous pouvez former le futur en utilisant le mot **will** (*ouil*) (voudrai/voudra/voudrons/voudrez) ou le verbe **to be + going to**. Voici deux exemples montrant comment utiliser chaque formule :

- **will** + verbe principal (dans sa forme de base) :
  - **I will tell you a story.** (*aï ouil tèl iou e stôô-ri*) (Je vous raconterai une histoire.)
  - **We will help you in a minute.** (*oui ouil help iou in e mi-nit*) (Nous vous aiderons dans une minute.)
- verbe **to be + going to** + verbe principal (dans sa forme de base) :
  - **I am going to tell you a story.** (*aï am go-ign tou tèl iou e sto-ri* [UK], *aï am go-ign tou tèl iou e stâ-ri* [US]) (Je vais vous raconter une histoire.)
  - **She is going to graduate next week.** (*chii iz go-ign tou gra-diou-éït' nèxt ouiik*) (Elle va obtenir son diplôme la semaine prochaine.)

Les anglophones de naissance utilisent presque toujours des contractions avec les temps du futur, et vous devriez en faire autant. Utilisez les contractions **I'll**, **you'll**, etc., pour le mot **will**. Pour **going to**, utilisez les contractions de **to be**, comme dans **I'm going to**, **you're going to**, **she's going to** et ainsi de suite.

Dans le langage informel, la plupart des Américains abrègent l'expression du futur **going to** de sorte qu'elle paraît être **gonna** (*gâ-ne*) (vai/vas/va). Bien que **gonna** ne soit pas vraiment un mot, les Américains l'utilisent souvent, comme ceci : **It's gonna rain soon.** (*its gâ-ne réïn sououn*) (Il va bientôt pleuvoir.)

Les adjectifs : épicer ses propos

Les **adjectives** (*ad-jèk-tivz*) (adjectifs) servent à décrire des noms et des pronoms ou même d'autres adjectifs en disant d'autres choses sur eux. Ils ajoutent de la couleur, de la texture, de la qualité, de la quantité, du caractère et de la saveur à une phrase simple, « sans sel », insipide.

Voici une simple phrase sans aucun adjectif :

- **English for dummies is a book...** (*ign-lich fe dae-miz iz e bouc* [UK], *ign-lich fe de-miz iz e bouc* [US]) (*L'anglais pour les Nuls* est un livre...)

Voyez comment les adjectifs (en *italique*) relèvent la phrase :

- **English for dummies is a fun, helpful, basic English language book.** (*ign-lich foe dae-miz iz e faen h'èlp-foul béï-zic ign-lich lan-goué-dj' bouc* [UK], *ign-lich foe de-miz iz e fen h'èlp-foul béï-zic ign-lich lan-goué-dj' bouc* [US]) (*L'anglais pour les Nuls* est un livre amusant, utile, sur la langue anglaise de base.)

Maintenant la phrase dit vraiment quelque chose.

En anglais, les adjectifs n'ont pas de forme particulière pour indiquer le nombre ou le genre : ils sont invariables. Par exemple, dans les deux phrases suivantes, observez que les adjectifs (en italique) ne changent pas malgré le genre et le nombre des noms qu'ils qualifient :

» **They are very *active* and *noisy* boys.** (*dèï ââ vè-ri ac-tiv ènd noï-zi boïz*) (Ce sont des garçons très actifs et bruyants.)

» **She is a very *active* and *noisy* girl.** (*chii iz e vè-ri ac-tiv and noï-zi gueel*) (C'est une fille très active et bruyante.)

L'ADJECTIF VIENT-IL AVANT OU APRÈS ?

L'anglais fait parfois les choses à l'envers. Par exemple, les adjectifs sont le plus souvent placés devant (et non après) les noms qu'ils qualifient. De sorte que vous décrivez alors quelque chose en détail avant de dire à quiconque ce que vous êtes en train de décrire ! Dans la phrase suivante, vous ne pouvez savoir au juste ce dont je parle avant la fin :

I have a big, brown, four-legged... (*aï h'av e big braoun fôô lègd*) (J'ai un(e) grand(e), marron, à quatre pieds/pattes/jambes...)

What? A dog? A horse? No, a table (*ouot e dog e h'ôôs' neou e téï-bel* [UK], *h'ouât e dâg e h'ôôs' nôô e téï-bel* [US]) (Quoi ? Un chien ? Un cheval ? Non, une table.)

Mais si vous voulez, vous pouvez commencer la phrase avec le nom suivi du verbe **to be**, puis ajouter les adjectifs, comme dans :

My table is big, brown, and four-legged. (*maï téï-bel iz big braoun ènd fôô lègd*) (Ma table est grande, marron et à quatre pieds.)

Cela semble illogique ? Un peu, mais c'est anglais.

Facile, non ? Il y a quand même une difficulté : vous devez résister à l'envie de donner aux adjectifs un genre et un nombre, comme en français !

Ajouter la couleur et la quantité

Les **colours** (*cae-lez* [UK]) (couleurs)/**colors** (*ke-lez* [US]) (couleurs) sont des adjectifs, et les **numbers** (*naem-bez* [UK], *nem-bez* [US]) (nombres) sont aussi des adjectifs. Les expressions suivantes vous indiquent les nombres de **one** (*ouan*) (un) à **twelve** (*touèlv*) (douze), ainsi que les mots pour quelques couleurs de base qui vous aideront à parler de façon, disons, plus colorée ! (Remarquez que le nombre est placé en tête, suivi de la couleur et du nom.)

- **I'd like one red apple.** (*aï'd laïk ouan' rèd a-pel*) (Je voudrais une pomme rouge.)
- **... two yellow bananas.** (*touou iè-leou bi-nââ-nez* [UK], *touou iè-lôô be-naa-nez* [US]) (... deux bananes jaunes.)
- **... three blue cheeses.** (*dzri blouou tchi-zez*) (... trois fromages bleus.)
- **... four green leaves.** (*fôô griin liivz*) (... quatre feuilles vertes.)
- **... five oranges.** (*faïv o-réïn-djiz*) (... cinq oranges.)
- **... six pink roses.** (*six pink reou-ziz* [UK], *six pink rôô-ziz* [US]) (... six roses roses.)
- **... seven purple grapes.** (*sè-ven pee-p'l gréïps*) (... sept raisins noirs (littéralement : violets).)
- **... eight brown dogs.** (*éït braoun dogz* [UK], *éït braoun dâgz* [US]) (... huit chiens marron.)
- **... nine grey** [UK]/**gray** [US] **donkeys**. (*naïn grèï dogn-kiz* [UK], *naïn grèï dâgn-kiz* [US]) (... neuf ânes gris.)

- ... **ten black cats.** (*tèn blak cats*) (... dix chats noirs.)
- ... **eleven white gardenias.** (*i-lè-ven ouaït' gââ-di-niez*) (... onze gardénias blancs.)
- ... **twelve gold coins.** (*touèlv' gueould coïnz* [UK] *touèlv' gôôld coïnz* [US]) (... douze pièces d'or.)

QUAND LES NOMS DEVIENNENT DES ADJECTIFS

Les noms peuvent en anglais jouer le rôle d'un adjectif, quand ils sont utilisés pour décrire un autre nom. Par exemple, le mot **university** (*iou-ni-vee-si-ti*) (université) est un nom, mais dans la phrase suivante, il devient un adjectif : **My sister is a university professor** (*maï sis-te iz e iou-ni-vee-si-ti pre-fè-se*) (ma sœur est professeur d'université). Sa nouvelle fonction est de décrire le nom professeur.

Voici quelques autres exemples. Les mots en *italique* sont d'anciens noms transformés en adjectifs.

- **This is a language book.** (*dis iz e lan-goué-dj' bouc*) (Ceci est un livre de langue.)
- **I have a California address.** (*aï h'a-v' e ka-li-fôô-nie e-drès*) (J'ai une adresse californienne.)

Souvenez-vous que les adjectifs n'ont pas de forme plurielle, de sorte que quand un nom devient un adjectif, il perd sa forme plurielle – même s'il modifie un nom au pluriel : **These are language books** (*diiz ââ lan-goué-dj' boucs*) (Ce sont des livres de langue).

Qu'est-ce qui vient avant le nombre **one** ? **zero** (*zi-reou* [UK], *zi-rôô* [US]) (zéro).

Dire ce que vous ressentez

Les adjectifs peuvent décrire des **feelings** (*fii-lignz*) (des sentiments), des **emotions** (*i-meou-chenz* [UK], *i-môô-chenz* [US]) (des émotions et des états de santé d'ordre général). Les verbes ***to be*** et **to feel** (*tou fiil*) (ressentir) sont utilisés avec les types d'adjectif suivants :

» **She is happy/tired.** (*chii iz h'a-pi taï-ed*) (Elle est heureuse/fatiguée.)

» **I feel nervous/angry.** (*aï fiil nee-ves an-gri*) (Je me sens nerveux/je suis en colère.)

» **They are in love.** (*dèï ââ in laev* [UK], *dèï ââ in lev* [US]) (Ils s'aiment.)

Description du caractère et des capacités

On utilise des adjectifs pour décrire le caractère, les qualités et les capacités des gens. Utilisez le verbe **to be** avec cette sorte d'adjectif :

» **He's kind.** (*hiz caïnd*) (Il est bienveillant.)

» **... generous.** (*djè-ne-res*) (... généreux.)

» **... selfish.** (*sèl-fich*) (... égoïste.)

» **... intelligent.** (*in-tè-li-djent*) (... intelligent.)

» **They're athletic.** (*dèï're e-dzlè-tic*) (Ils/elles sont athlétiques.)

» **... patriotic.** (*pe-tri-o-tic* [UK], *pe-tri-â-tic* [US]) (... patriotes.)

» **... artistic.** (*ââ-tis-tic*) (... artistiques.)

» **You're funny.** (*iour' fae-ni* [UK], *iour' fe-ni* [US]) (Tu es/vous êtes amusant(s).)

- **We're competitive.** (*ouir kem-pè-ti-tiv*) (Nous sommes compétitifs.)

Pour renforcer votre description, utilisez l'adverbe **very** (*vè-ri*) (très), placé devant l'adjectif. Par exemple :

- **It's a very hot day.** (*its e vè-ri h'ot dèï* [UK], *its e vè-ri h'ât dèï* [US]) (C'est une journée très chaude.)
- **She's very artistic.** (*chii'z vè-ri ââ-tis-tic*) (Elle est très artistique.)

Pour en savoir plus sur les adjectifs descriptifs, consultez le chapitre 3.

HARD ET HARDLY

Dans certains cas, si vous ajoutez **-ly** à un adjectif, vous obtenez un adverbe dont le sens est très différent. Par exemple, l'adjectif **late** (*léït*) veut dire « en retard », mais l'adverbe **lately** (*léït-li*) signifie « récemment ». Un autre exemple est celui de **hard** (*h'ââd*) (dur/difficile) et **hardly** (*h'ââd-li*) (à peine/presque pas).

L'adjectif **hard** signifie « difficile » ou « non mou ». Mais **hard** est aussi un adverbe qui veut dire « en faisant un gros effort » comme dans **She works hard** (*chii works h'ââd*) (Elle travaille dur). Un autre adverbe, **hardly**, veut dire « presque pas », comme dans **He hardly has any money** (*h'ii h'ââ-dli h'az è-ni mae-ni* [UK], *h'ii h'ââ-dli h'az è-ni me-ni* [US]) (Il n'a presque pas d'argent). Les gens confondent parfois les deux adverbes et utilisent **hardly** quand ils veulent dire **hard**. Les anglophones de naissance se taquinent parfois en posant la question : **Are you working hard** ou **hardly working?** (*ââ iou ouee-kign h'ââd oe h'ââ-dli ouee-kign*) (Travailles-tu dur ou à peine ?)

Les adverbes donnent du caractère aux verbes

Les **adverbs** (*ad-vebz*) (adverbes) contribuent au sens d'un verbe ou d'un adjectif. (Je parle davantage des verbes dans la section suivante.) Les adverbes peuvent indiquer comment ou de quelle manière quelque chose se fait.

Voici une phrase sans adverbe :

> » **I play the piano.** (*aï plèï de pia-neou* [UK], *aï plèï de pia-nôô* [US]) (Je joue du piano.)

Ajoutez maintenant un adverbe et voyez comment la phrase prend un sens nouveau :

> » **I play the piano badly.** (*aï plèï de pia-neou ba-dli* [UK], *aï plèï de pia-nôô ba-dli* [US]) (Je joue mal du piano.)

(Ce qui est exact, soit dit en passant.)

Les adverbes peuvent aussi indiquer combien de fois vous faites quelque chose, comme dans **I rarely practice the piano** (*aï rè-re-li prac-tis de pia-neou* [UK], *aï rè-re-li prac-tis de pia-nôô* [US]) (Je pratique rarement le piano). Et les adverbes peuvent aussi modifier les adjectifs, comme dans **My piano teacher is extremely patient** (*maï pia-neou tee-tchee iz ix-trii-mli péï-chen't* [UK], *maï pia-nôô tee-tchee iz ix-trii-mli péï-chen't* [US]) (Mon professeur de piano est extrêmement patient).

La plupart des adverbes sont créés en ajoutant **-ly** à un adjectif. Par exemple, l'adjectif **slow** (*sleou* [UK], *slôô* [US]) (lent) devient l'adverbe **slowly** (*sleou-li* [UK], slôô-li [US]) (lentement). Voici quelques exemples de phrases :

- Adjectif : **The tortoise is slow.** [UK] (*de tôô-tes iz sleou*) **The turtle is slow.** [US] (*de tee-tel iz slôô*) (La tortue est lente.)
- Adverbe : **The tortoise walks slowly.** [UK] (*de tôô-tes ouôôks sleou-li*) **The turtle walks slowly.** [US] (*de tee-tel ouâôks slôô-li*) (La tortue marche lentement.)

Voici un autre exemple utilisant les mots **happy** (*h'a-pi*) (heureux) et **happily** (*h'a-pi-li*) (heureusement).

- Adjectif : **The baby is happy.** (*de béï-bi iz h'a-pi*) (Le bébé est heureux.)
- Adverbe : **The baby plays happily.** (*de béï-bi plèïz h'a-pi-li*) (Le bébé joue avec bonheur.)

Certains adverbes et adjectifs sont des « clones », ce qui veut dire que les mots ne changent pas. Regardez par exemple le mot **fast** (*fââst*) dans les deux phrases suivantes :

- Adjectif : **He has a fast car.** (*h'i h'az e fââst câô* [UK], *h'i h'az e faast câô* [US]) (Il a une voiture rapide.)
- Adverbe : **He drives too fast.** (*h'i draï-v'z tou fââst* [UK], *h'i draï-v'z tou faast* [US]) (Il conduit trop vite.)

Un couple adjectif/adverbe inhabituel est **good** (*goud*) et **well** (*ouèl*). Vous pourriez être tenté de dire **good** et **goodly**, puisqu'après tout, le contraire est **bad** et **badly**. Mais au lieu de cela, l'adverbe « partenaire » de **good** est **well**, bien qu'il puisse arriver à des locuteurs natifs d'utiliser le mot **good** alors qu'ils devraient dire **well**.

Voici un exemple d'utilisation correcte de ces deux mots :

- » Adjectif : **Your English is good.** (*ioue ign-lich iz goud*) (Ton/votre anglais est bon.)
- » Adverbe : **You speak very well.** (*iou spiik vè-ri ouèl*) (Tu parles/vous parlez très bien.)

Les trois articles : a, an et the

En anglais, lorsque quelqu'un mentionne « ces trois petits mots », il ou elle se réfère en général à ces trois petits mots d'amour qui mettent les cœurs en émoi : **I love you** (*aï laev iou* [UK], *aï lev iou* [US]) (Je t'aime/je vous aime). Dans cette section, je vous montre comment utiliser trois autres petits mots – les articles **a**, **an** et **the**. Ils peuvent aussi faire battre votre cœur – sous l'empire de la crainte.

Comme dans le cas de l'amour, certaines personnes ont peur de faire des erreurs et décident d'éviter complètement l'utilisation des articles. Mais l'anglais sans articles, c'est un peu comme... une vie sans amour. Eh bien, je dramatise un peu, mais vous m'avez compris, les articles ont une grande importance.

Vous trouverez ci-après une leçon abrégée, « Les articles en anglais », pour vous aider à comprendre quand et comment utiliser les articles sans crainte. Remarque : en anglais, les articles (comme les noms) n'ont pas de genre ; ce sont les mêmes pour le masculin et le féminin, comme dans les phrases : **The boy is tall** (*de boï iz tôl* [UK], *de boï iz tâl* [US]) (Le garçon est grand) et **The girl is tall** (*de gueel iz tôl* [UK], *de gueel iz tâl* [US]) (La fille est grande).

» **A** et **an** par opposition à **the** (très facile) : les articles **a** et **an** se placent seulement devant un nom d'objet dénombrable au singulier.
The peut être utilisé devant des noms au singulier ou au pluriel :

- **Molly is *a* cat.** (*mo-li iz e cat*) (Molly est une chatte.)
- **She is *an* animal.** (*chii iz an a-ni-mel*) (C'est un animal.)
- ***The* birds fear her.** (*de beedz fiee h'ee*) (Les oiseaux la craignent.)

» **A** par opposition à **an** (également très facile) : l'article **a** se place devant des noms ou leurs adjectifs commençant par une consonne. **An** est utilisé devant des noms ou leurs adjectifs commençant par un **h** muet (généralement des mots d'origine française) ou une voyelle :

- **We saw *a* film** [UK]/**a movie.** [US] (*oui sôô e film* [UK], *oui sââ e mouou-vi* [US]) (Nous avons vu un film.)
- **He's *an* honest man.** (*h'iz en o-nest man* [UK], *h'iz en â-nest man* [US]) (C'est un homme honnête.)

» **The** par opposition à pas d'article (pas trop difficile) : **The** est utilisé devant les noms dénombrables ou non dénombrables dont on parle de façon spécifique. Aucun article n'est utilisé devant les noms non dénombrables dont on parle de façon générale :

- ***The* coffee in Italy is delicious.** (*de co-fi in i-te-li iz dè-li-ches* [UK], *de câ-fi in i-te-li iz dè-li-ches* [US]) (Le café en Italie est délicieux.)
- **Coffee is popular in the U.S.** (*co-fi iz po-piou-le in di iou-ès* [UK], *câ-fi iz pâ-piou-le in di iou-ès* [US]) (Le café est très populaire aux États-Unis.)

» **A/an** par opposition à **the** (un peu plus difficile) : les articles **a** et **an** s'utilisent devant les substantifs qui sont mentionnés pour la première fois. **The** est utilisé devant des noms qui ont déjà été mentionnés :

- **I read *a* good book.** (*aï rèd e goud bouc*) (Je lisais un bon livre.)
- ***The* book was about an artist.** (*de bouc ouez e-baout e nââ-tist*) (Le livre était au sujet d'un artiste.)
- ***The* artist lives on a ranch.** (*di ââ-tist livz on e rân'ch* [UK], *di ââ-tist livz on e ran'ch* [US]) (L'artiste habite dans un ranch.)

» **The** (pas difficile) : l'article **the** s'emploie devant des noms de chaînes de montagne, de rivières, d'océans et de mers :

- ***The* Pacific Ocean is huge.** (*de pe-ci-fic eou-chen iz h'iouou-dj'* [UK], *de pe-ci-fic ôô-chen iz h'iouou-dj'* [US]) (L'océan Pacifique est immense.)
- ***The* Amazon is in South America.** (*di a-ma-zeoun iz in saoudz e-mé-ri-ke* [UK], *di a-ma-zôôn iz in saoudz e-mé-ri-ke* [US]) (L'Amazone est en Amérique du Sud.)

» **The** (pas difficile non plus) : l'article **the** s'utilise devant les noms de pays qui font référence à une forme de gouvernement ou un type d'union :

- ***The* United States.** (*di iou-naï-ted stéï-t's*) (Les États-Unis.)
- ***The* People's Republic of China.** (*de pii-pelz ri-pe-blic ev tchaï-ne*) (La République populaire de Chine.)

Chapitre 3

Heureux de faire votre connaissance

DANS CE CHAPITRE :

- **Dire bonjour et au revoir**
- **Rencontrer des gens sans façons et de manière formelle**
- **Les prénoms chez les Américains et les Britanniques**
- **Décrire une personne**

Vous pouvez aller loin avec un peu d'anglais. Dire un simple **hello** (*h'è-<u>leou</u>*) (bonjour) et ajouter quelques mots pour faire savoir qui vous êtes peut vraiment vous ouvrir les portes. Vous verrez aussi comment vous présenter et présenter vos amis, quand utiliser des expressions familières ou formelles, comment décrire les gens et quoi dire après les premiers mots de salutation.

Dire bonjour

Vous pouvez toujours saluer quelqu'un avec un simple **hello** (*h'è-<u>leou</u>*) (bonjour) ou **hi** (*haï*) (bonjour) ou choisir une expression mieux adaptée à la situation. Par exemple :

- **Good morning** (*goud <u>môô</u>-nign*) (bonjour). Vous pouvez le dire à tout moment de la matinée, avant midi.

- **Good afternoon** (*goud âfte-<u>nououn</u>*) (bonjour). À utiliser l'après-midi jusqu'à la tombée de la nuit.
- **Good evening** (*goud <u>ii</u>-v'nign*) (bonsoir). (À utiliser à partir de 5 ou 6 heures de l'après-midi ou après la tombée de la nuit.

À RETENIR

Good night (*goud naït*) (bonne nuit) n'est pas une entrée en matière (même tard le soir). C'est une expression qui sert à dire **goodbye** (*goud-<u>baï</u>*) (au revoir) quand il fait nuit. Si vous rencontrez quelqu'un et le saluez en disant **good night**, cette personne dira : « Quoi, vous partez déjà ? Vous venez d'arriver ! »

Dire « Comment allez-vous ? »

AUDIO

Après avoir dit bonjour ou au lieu de dire bonjour, les gens posent souvent une question telle que **How are you?** (*h'ao ââ iou*) (Comment allez-vous/vas-tu ?). La liste ci-après vous donne quelques salutations usuelles ainsi que des façons d'y répondre. Notez que la première salutation est très formelle ; les autres sont plus familières.

– **How are you doing?**

h'aou ââ iou <u>dou</u>-ign

Comment allez-vous/vas-tu ?

Very well, thank you. And how are you?

<u>vè</u>-ri ouèl, dzank iou ènd h'aou ââ iou

Très bien merci. Et comment allez-vous/vas-tu ?

– **How are you ?**

h'aou ââ iou

Comment allez-vous/vas-tu ?

Not bad. What about you?

not bad ouot e-baout iou [UK], *nât bad ouât e-bout iou* [US]

Pas mal. Et vous/toi ?

- **How's it going?**

  h'aou'z it go-ign

  Comment va ?

  Great. How about you?

  grèït h'aou e-baout iou

  Tout à fait bien. Et vous/toi ?

- **How are things?**

  h'aou ââ dzignz

  Comment ça va ?

  Fine. And you?

  faïn and iou

  Bien. Et toi/vous, comment ça va ?

TRUC

Quand vous dites **How about *you*?**, prononcez le mot **you** en l'accentuant. Et quand vous dites **And you?**, prononcez **you** avec une intonation plus aiguë à la fin. Par ailleurs, quand vous dites **How about you?** ou **What about you?**, prononcez **you** avec une légère élévation du ton au début et une intonation plus douce à la fin. Reportez-vous au chapitre 1 pour plus d'informations sur la prononciation, l'accentuation et l'intonation.

La salutation **How are *you doing*?** a le même sens que **How are you?**, de sorte que vous pouvez répondre aux deux questions de la même façon. Et notez bien que **How are you doing?** ne veut pas dire **What are you doing?** (*ouot ââ iou dou-ign* [UK], *h'ouât ââ iou dou-ign* [US]) (Que fais-tu/faites-vous ?). Très peu de gens rencontrent d'autres personnes dans la rue et leur disent : "**Hello**

[UK]/**Hi** [US]. **What are you doing?**", parce que la réponse est évidente : « Eh bien, je marche dans la rue ! »

CULTURE

Quel que soit l'état dans lequel vous vous sentez lorsqu'on demande **How are you?**, la réponse la plus polie est **I'm fine, thanks. And you?** (*aïm faïn dzank's and iou*) (Ça va bien. Et vous ?). Presque tout le monde répond de cette façon, notamment dans les situations assez formelles et à l'égard d'étrangers ou de relations superficielles. Bien sûr, s'ils ont affaire à des amis ou même à des collègues de travail, les gens disent souvent ce qu'ils éprouvent réellement ! Par exemple :

- **terrific** (*te-ri-fic*) (formidable)
- **fantastique** (*fan-tas-tic*) (fantastique)
- **wonderful** (*ouen-de-foul*) (merveilleux)
- **okay** (*eou-kéï* [UK], *ôô-kéï* [US]) (bien)
- **so-so** (*seou-seou*) (à peu près bien)
- **not so good** (*not seou goud* [UK], *nât sôô goud* [US]) (pas très bien)
- **terrible** (*tèr-eb'l*) (très mal)

CULTURE

Dire **I'm great** (*aïm gréït*) (Je me sens très bien) ou **I'm wonderful** (Je vais merveilleusement bien) quand on vous demande **How are you?** est une bonne réponse, ni hautaine ni arrogante. Vous dites simplement à quel point vous vous sentez bien, et non que vous êtes une personne exceptionnelle. Et ne vous demandez pas si d'autres se sentiront moins bien par comparaison en apprenant que vous allez si bien. La plupart des gens aiment entendre qu'une autre personne est en pleine forme. Cela leur remonte le moral.

Quelques salutations familières ou argotiques

Beaucoup de gens utilisent des salutations **slang** (*slagn*) (une expression ou un mot d'argot). La liste ci-après donne quelques équivalents familiers ou argotiques de **How are you?**, accompagnés de réponses possibles. Le dernier exemple est une expression familière très contemporaine utilisée principalement par des jeunes gens.

- **What's up?**
  ouots aep [UK]
  h'ouâts ep [US]
  Quoi de neuf ?

  Not much. What's up with you?
  not maetch ouots aep wid iou [UK]
  nât metch h'ouâts ep wid iou [US]
  Pas grand-chose. Quoi de neuf pour toi ?

- **What's happening?**
  ouots h'a-pe-nign [UK]
  h'ouâts h'a-pe-nign [US]
  Que se passe-t-il ?

  Not much. You?
  not maetch iou [UK]
  nât metch iou [US]
  Pas grand-chose. Et toi ?

GRAMMAIRE

Des salutations telles que **What's up?** et **What's going on?** ont le même sens que **What are you doing?** Vous pouvez répondre à ces questions en indiquant ce que vous faites en ce moment, comme **I'm studying** (*aïm stae-di-ign* [UK], *aïm ste-di-ign* [US]) (J'étudie) ou **I'm waiting**

for a friend (*aïm ouéï-tign fôô re frènd*) (J'attends un ami/une amie). Mais souvent, les gens répondent aux questions telles que **What's up?** par **Not much** (*not maetch* [UK], *nât metch* [US]) (Pas grand-chose) ou **Nothing much** (*nae-dzign maetch* [UK], *ne-dzign metch* [US]) (Pas grand-chose). Ils peuvent ensuite continuer et indiquer ce qu'ils font réellement. Je reconnais que c'est un peu étrange, mais c'est souvent ce que font les gens.

COMMENT VA ? (LA RÉPONSE VOUS INTÉRESSE-T-ELLE VRAIMENT ?)

Mes étudiants me disent souvent : « Les Américains paraissent aimables, mais il y a une chose qui m'étonne : pourquoi de nombreuses personnes disent-elles **Hi. How are you?** et continuent leur chemin avant que je puisse répondre ? N'est-ce pas vraiment impoli ? » Eh bien ! pas nécessairement. En fait, les gens disent souvent **Hi** ou **How are you?** en marchant dans la rue. Leur intention n'est pas de s'arrêter et de parler, mais cependant ils veulent vous dire **Hi**.

« C'est bien, disent mes étudiants, mais alors, qu'en est-il de **How are you?** Pourquoi poser cette question si en réalité ils n'ont pas envie de le savoir ? » Eh bien, j'avoue ne pas avoir d'explication magique de ce phénomène culturel, mais **How are you?** a fini par devenir presque synonyme de **Hi** ou **Hello** et n'a pas toujours besoin d'être suivi d'une réponse quand il est dit en passant. Vous pouvez simplement répondre par **Hi** ou **Fine. How are you?** et continuer votre chemin.

Dire au revoir

Quand c'est l'heure de dire au revoir et de partir, il y a plusieurs façons de terminer poliment la conversation avant de s'en aller. Voici trois exemples :

- **I've got to go, now.** (*aïv got tou gueou naou* [UK], *aïv gât tou gôô naou* [US]) (Il faut que je parte, maintenant.)
- **I'd better go.** (*aïd bè-te gueou* [UK], *aïd bè-te gôô* [US]) (Je ferais bien de partir.)
- **It was nice talking to you.** (*it ouoz naïs tôô-kign tou iou* [UK], *it ouâz naïs tââ-kign tou iou* [US]) (C'était sympa de parler avec vous/toi.)

Et vous dites ensuite :

- **Goodbye.** (*goud-baï*) (Au revoir.)
- **Bye.** (*baï*) (Au revoir.)
- **So long.** (*seou loogn* [UK], *sôô lââgn* [US]) (À un de ces jours.)
- **See you later.** (*si iou léï-te*) (À la prochaine.)

Les présentations

Avant de dire **It's nice to meet you** (*its naïs tou mîît iou*) (Heureux de faire ta/votre connaissance) – le titre du chapitre –, il faut avoir fait les présentations. Rencontrer des gens et apprendre quelques petites choses à leur sujet est non seulement amusant, mais c'est aussi une excellente façon de pratiquer et d'améliorer votre anglais. Cette section est donc entièrement consacrée aux présentations (formelles et informelles). Et s'il n'y a personne pour vous présenter, je vous indique comment vous présenter vous-même.

Se présenter

Peut-être êtes-vous invité à une party ou une barbecue. Naturellement, vous vous attendez à ce que votre hôte vous présente quand vous arrivez, mais au lieu de cela, il vous salue d'un geste depuis l'autre bout de la salle et vous dit de vous servir à boire. Vous vous trouvez alors avec un verre en main et vous vous demandez ce que vous allez faire ensuite.

Voici ce que je vous conseille : allez vous présenter aux autres. (À vrai dire, c'est le rôle de l'hôte, mais s'il est occupé, faites-le vous-même.) C'est parfaitement acceptable de se présenter soi-même. Et voici deux manières simples de le faire :

» **Hi. I'm ...** (*h'aï aïm*) (Bonjour. Je suis ...)

» **Hello. My name is ...** (*h'è-leou maï néïm iz* [UK], *h'è-lôô maï néïm iz* [US]) (Bonjour. Je m'appelle ...)

Ou si la situation exige un comportement plus formel, vous pouvez dire :

» **I'd like to introduce myself. I'm ...** (*aïd laïk tou in-tre-dious maï-sèlf aïm*) (J'aimerais me présenter. Je m'appelle ...)

» **I don't think we've met. I'm ...** (*aï deoun't dzink ouiv mèt aïm* [UK], *aï dôôn't dzink ouiv mèt aïm* [US]) (Je ne pense pas que nous nous connaissions. Je m'appelle ...)

L'autre personne réagit généralement en indiquant son nom. Mais si elle ne le fait pas, vous pouvez poursuivre par : **And what's your name?** (*and ouot's ioue néïm* [UK], *and ouât's ioue néïm* [US]) (Et comment vous appelez-vous ?)

TRUC

Quand quelqu'un dit **It's nice to meet you** (*its naïs tou mîît iou*) (Je suis heureux de faire votre connaissance), répétez simplement sa réponse et ajoutez le mot **too** (*touou*) (pareillement). Il est encore plus simple de répondre de manière informelle en disant : **Same here.** (*séïm h'ie*) (pareillement.)

À RETENIR

En tout cas, ne dites pas **Me too** (*mi touou*) (moi aussi) quand quelqu'un vous dit **It's nice to meet you**, parce que cela veut dire « Je suis heureux de faire ma connaissance, moi aussi ». C'est drôle, mais ce n'est pas exactement ce que vous voulez dire !

Présentation d'autres personnes

AUDIO

Vous devez parfois présenter vos amis ou vos proches à d'autres personnes. Les présentations qui suivent sont informelles, mais elles sont néanmoins courtoises :

- **This is …** (*dis iz*) (Voici …)
- **Meet my friend …** (*mîît maï frènd*) (Je vous/te présente mon ami/amie …)

Et quand les circonstances exigent une présentation formelle, utilisez l'une des deux méthodes suivantes :

- **Please let me introduce …** (*pliz lèt mi in-tre-dious*) (S'il vous plaît permettez-moi de vous présenter …)
- **I'd like you to meet …** (*aïd laïk iou tou miit*) (J'aimerais que vous fassiez la connaissance de …)

Parfois les personnes que vous présentez se connaissent déjà. Dans le doute, vous pouvez dire :

- **Have you met … ?** (*h'av iou mèt*) (Connaissez-vous/connais-tu … ?)
- **Do you know … ?** (*dou iou neou* [UK], *dou iou nôô* [US]) (Connaissez-vous/connais-tu … ?)

Mots clés

introduce	*in-tre-<u>dious</u>*	présenter
let me introduce	*let mi in-tre-<u>dious</u>*	permettez-moi de vous présenter
to meet	*tou mîît*	faire la connaissance de
introduction	*in-tre-<u>daek</u>-ch'n*	présentation
personal space	*<u>pee</u>-se-nel spéïs*	espace personnel
space	*spéïs*	espace
close	*cleous*	près
far away	*fâår e-<u>ouéï</u>*	loin

Comment vous appelez-vous ?

Les noms américains reflètent la variété des origines de la société des États-Unis. Après tout, dans ce pays, les ancêtres des résidents et une bonne partie des résidents eux-mêmes viennent d'ailleurs – Europe, Asie et Afrique – de sorte que leurs noms – comme McMillan, Goldberg, Yamaguchi, Cisneros, Kwan, Mfume, Johnson, etc., traduisent l'arrière-plan multiculturel des États-Unis. Les noms sont importants et la présente section est entièrement consacrée à cette question : comment demander le nom de quelqu'un et communiquer le vôtre, comment utiliser les noms et les titres pour respecter les formes adaptées à une situation donnée, et quelques indications sur la façon dont les Américains obtiennent leurs noms.

Les noms des noms

AUDIO

Il semble qu'il y ait bien des façons de désigner les noms aux États-Unis. Par exemple, quand vous remplissez un formulaire, on vous demande votre **given name** (*gui-ven néïm*) (prénom), votre **surname** (*see-néïm*) (nom de famille), votre **nick-name** (*nik-néïm*) (surnom), votre **married name** (*ma-rid néïm*) (nom d'épouse), votre **maiden name** (*méï-den néïm*) (nom de jeune fille) ou votre **user name** (*iou-ze néïm*) (nom d'utilisateur) !

TRUC

Ne soyez pas affolé par cette pléthore de types de noms. Les indications suivantes vous aideront à vous y retrouver.

- Le **first name**, aussi appelé **given name**, est en général indiqué en premier (évidemment !). Les prénoms sont habituellement donnés par les parents ou d'autres membres de la famille. Certains prénoms ont une forme longue comme Katherine et une forme courte comme Kathy ou Kate. Beaucoup de prénoms américains proviennent de la Bible, de sorte que vous entendrez parfois utiliser le terme **Christian name** (*kris-tchen néïm*) (prénom). (Les Britanniques utilisent systématiquement ce terme à la place de **first name**.)

- Tout le monde n'a pas un **middle name** (*mi-del néïm*) (deuxième prénom) mais il est très courant d'en avoir un. Ce sont les parents ou quelqu'un d'autre qui choisissent ce nom. C'est parfois le prénom d'un ancêtre ou un nom de famille. Beaucoup de gens n'utilisent leur **middle name** ou son initiale que dans les relations officielles.
- Le **last name** (*lââst néïm* [UK], *laast néïm* [US]) (nom de famille) est le même nom que le **surname** (terme utilisé systématiquement par les Britanniques). Quand vous vous présentez, indiquez toujours votre nom de famille en dernier – jamais en premier.
- Le gentil petit nom que votre famille vous donnait quand vous étiez enfant est le **nickname** – le mien était « Miss G. ». Ou peut-être quelqu'un à l'école ou au bureau vous a-t-il donné un nom intelligent comme « Le cerveau ». Les surnoms sont parfois formés en ajoutant **-y** ou **-ie** au prénom, comme dans **Joanie** ou **Joshy**. (Quelques formes diminutives de prénoms se terminent naturellement par **-y** ou **-ie** comme **Susie** ou **Tommy**. Ce ne sont pas alors vraiment des surnoms.) Pour susciter une conversation amusante, posez la question : **"Do you have a nickname?"**

Utilisez quelques-unes des expressions suivantes pour vous identifier ou pour parler des noms.

- **My first name is …** (*maï feest néïm iz*) (Mon prénom est …)
- **My middle name is …** (*maï mi-del néïm iz*) (Mon second prénom est …)
- **My last name is …** (*maï lââst néïm iz* [UK], *maï laast néïm iz* [US]) (Mon nom de famille est …)

- **My maiden name is ...** (*maï <u>méï</u>-den néïm iz*) (Mon nom de jeune fille est ...)
- **My son's name is ...** (*maï saenz néïm iz* [UK], *maï senz néïm iz* [US]) (Le nom de mon fils est ...)
- **I call my son ...** (*aï côl maï saen* [UK], *aï câl maï sen* [US]) (J'appelle mon fils ...)
- **It's short for ...** (*its choot fôe* ...) (C'est l'abréviation de ...)
- **I'm named after ...** (*aïm néïm'd <u>ââf</u>-te* [UK], *aïm néïm'd <u>aaf</u>-te* [US]) (Mon nom provient de ...)

L'usage du prénom

Dans la société américaine informelle décontractée et dans des situations informelles, beaucoup de gens n'utilisent que les prénoms et se présentent en mentionnant seulement leur prénom. Par exemple, dans le travail ou la salle de classe, un patron ou un professeur dira : **You can call me by my first name.** (*iou can kôl mi baï maï feest néïm*) (Vous pouvez m'appeler par mon prénom.)

Quant aux Britanniques, ils utilisent plus facilement les prénoms que les Français, mais moins facilement que les Américains, champions du contact direct et informel.

Aux États-Unis, l'utilisation du seul prénom n'est pas considérée comme un manque de respect. Mais si vous vous sentez plus à l'aise en utilisant le nom de famille... faites-le. De nombreuses personnes ne connaissent même pas le nom de famille de gens de connaissance, et peuvent même sortir une première fois avec une personne sans connaître son nom de famille. Cela vous montre à quel point les Américains sont relaxes en ce qui concerne les noms.

Titres et termes de respect

Quand l'usage du prénom est trop informel et quand la situation exige un peu plus de tenue, vous aurez besoin de connaître quelques termes d'expression du respect. L'usage de **Ms**, **Mr** et **Mrs** à l'égard des personnes plus âgées que vous est considéré comme poli, ainsi que dans un contexte professionnel ou d'affaires. Utilisez toujours le terme **Dr** ou **Prof**. à moins que la personne vous prie de l'appeler par son prénom. Le tableau 3-1 vous donne une idée de quelques formules de politesse courantes.

TABLEAU 3.1 Formules de politesse

Titre	Abréviation UK	Abréviation US
Ms (*mis*) terme générique pour une femme	**Ms**	**Ms.**
Mister (*mis-tee*) Monsieur	**Mr**	**Mr.**
Miss (*mis*) Mademoiselle	**Miss**	**Miss**
Missus (*mi-siz*) Madame	**Mrs**	**Mrs.**
Doctor (*doc-te* [UK], *dâc-te* [US]) Docteur	**Dr**	**Dr.**
Professor (*pre-fès-se*) Professeur	**Prof.**	**Prof.**

Différence entre nommer et appeler quelqu'un

Tout d'abord on **name** (*néïm*) quelqu'un, et ensuite on **call** (*côl* [UK], *câl* [US]) cette personne par ce nom (ou par son **nickname**).

Tout simplement, **to name** veut dire donner un nom à quelqu'un ; **to call** veut dire utiliser (ou dire) son nom pour attirer son attention. **To name** et **to call** sont deux verbes réguliers (voir le chapitre 2 pour plus d'informations sur les verbes réguliers).

To name est souvent utilisé au temps passé. Par exemple, **My father named me** (*maï fââ-de néï-m'd mi* [UK], *maï faa-de néï-m'd mi* [US]) (Mon père me donna mon nom). Il est aussi utilisé en même temps qu'un autre verbe, et il est alors à l'infinitif, comme dans **She wants to name the baby Sam** (*chii ouânts tou néïm de béï-bi sam*) (Elle veut appeler le bébé Sam). (Vous trouverez d'autres indications sur les formes verbales et les temps au chapitre 2.) Voici quelques autres exemples utilisant le verbe **to name** :

- **They named the baby Natalia.** (*dèï néï-m'd de béï-bi na-ta-lia*) (Ils appelèrent le bébé Natalia.)
- **After we name the baby, we'll celebrate.** (*ââf-te oui néïm de béï-bi ouil sé-le-bréït* [UK], *aaf-te oui néïm de béï-bi ouil sé-le-bréït* [US]) (Après avoir donné un nom au bébé, nous ferons la fête.)

To call est surtout utilisé au présent comme dans **They call the baby Natalia** (*dèï côl de béï-bi na-ta-lia* [UK], *dèï câl de béï-bi na-ta-lia* [US]) (Ils appellent le bébé Natalia). Voici quelques autres phrases utilisant **to call** :

- **We call our son by his nickname.** (*oui côl oue saen baï h'iz nik-néïm* [UK], *oui câl oue sen baï h'iz nik-néïm* [US]) (Nous appelons notre fils par son surnom.)
- **His name is Hans, but we call him Hansy.** (*h'iz néïm iz h'an's baet oui côl h'im h'an-si* [UK], *h'iz néïm iz h'an's bet oui câl h'im h'an-si* [US]) (Son nom est Hans, mais nous l'appelons Hansy.)

LA RÉVOLUTION DES NOMS DE FAMILLE

Dans le passé, les femmes abandonnaient presque toujours leur **family name** (ou **maiden name**) pour prendre le nom de leur mari. Beaucoup de femmes le font encore mais, aujourd'hui, les femmes conservent souvent leur propre nom de famille ou le combinent avec le nom de leur mari. Et parfois, un homme ajoute le nom de sa femme à son propre nom au moment de son mariage. Enfin quelque chose d'autre !

Mots clés

surname	*see-néïm*	nom de famille
nickname	*nic-néïm*	surnom
maiden name	*méï-den néïm*	nom de jeune fille
married name	*ma-rid néïm*	nom d'épouse
to name	*tou néïm*	donner un nom à quelqu'un
to call	*tou côôl* [UK], *to cââl* [US]	appeler quelqu'un par son nom
my name is	*maï néïm iz*	mon nom est/ je m'appelle
what's your name?	*ouots ioue néïm* [UK], *h'ouâts ioue néïm* [US]	comment t'appelles-tu/vous appelez-vous ?

Comment décrire les gens – petits, grands, gros ou minces

Si vous avez besoin de dire à quelqu'un la façon de vous repérer à l'aéroport ou si vous voulez décrire les atouts physiques de votre bien-aimé(e), il vous sera utile de connaître quelques mots descriptifs pour informer votre interlocuteur. Voici quelques mots pour décrire les gens de toute taille, forme, couleur de peau ou de cheveux – et vous-même :

- **small** (*smôôl* [UK], *smââl* [US]) (petit(e))
- **thin** (*dzin'*) (mince)
- **skinny** (*ski-ni*) (maigrichon/maigrichonne)
- **average** (*a-vridj*) (dans la moyenne)
- **medium build** (*mii-diem'bild*) (proportions moyennes)
- **big** (*big*) (grand)
- **large** (*lâââdj*) (grand)
- **heavy** (*h'è-vi*) (lourd(e))

À RETENIR

Affubler une personne très grosse des adjectifs **fat** (*fat*) (gras) ou **chubby** (*tchae-bi* [UK], *tche-bi* [US]) (potelé) est un manque de tact voire une impolitesse. Les mots convenables sont **large** ou **heavy**. Notez aussi que **thin** et **slender** (élancé) sont parfaitement acceptables, mais que **skinny** est peu flatteur.

Les yeux et les cheveux

Certains disent des Britanniques – et même des Américains ! – qu'ils se ressemblent tous. Peut-être lisez-vous vous aussi sur un visage une expression caractéristique d'un de ces deux pays. Mais il y a de nombreux traits qui distinguent les individus entre eux, comme la couleur des cheveux ou des yeux, la taille (et la manière de suivre les dernières tendances de la mode !). Vous pouvez utiliser ces attributs pour décrire les gens.

Les mots ci-après vous aideront à décrire la couleur des cheveux d'une personne :

- **black** (*blac*) (noirs)
- **brown** (*braoun'*) (bruns ou châtains)
- **red** (*rèd*) (roux)
- **blond** (*blon'd*) (blonds)
- **strawberry blond** (*strôô-bè-ri blon'd* [UK], *strââ-bè-ri blon'd* [US]) (blond vénitien [littéralement « blond fraise »])
- **grey** [UK], **gray** [US] (*grèi*) (gris ou grisonnants)
- **white** (*ouaït* [UK], *h'ouaït* [US]) (blancs)

Vous pouvez utiliser les mots suivants pour décrire le type de cheveux d'une personne :

- **straight** (*stréït*) (raides)
- **wavy** (*ouèï-vi*) (ondulés)
- **curly** (*kee-li*) (bouclés)
- **kinky** (*kin-ki*) (crépus)
- **bald/balding** (*bôôld bôol-dign* [UK], *bââld bââl-dign* [US]) (chauve)

C'est vrai, le dernier type ne décrit pas vraiment un type de cheveux, mais plutôt leur absence.

Pour décrire la couleur des yeux d'une personne, utilisez les mots suivants :

- **brown** (*braoun'*) (marron)
- **hazel** (*h'éï-zel*) (noisette)
- **green** (*griin'*) (verts)
- **blue** (*blouou*) (bleus)

Les mots suivants décrivent des traits particuliers :

- **beard** (*bi-ed*) (barbe)
- **freckles** (*frè-kelz*) (taches de rousseur)
- **tattoo** (*te-touou*) (tatouage)
- **mustachio** [UK], **mustache** [US] (*mes-tââ-chieou* [UK], *mes-tââch* [US]) (moustache)
- **piercing** (*pie-sign*) (percing)

Atteindre de nouvelles hauteurs

Vous connaissez sans doute votre **height** (*h'aït*) (taille) en mètre, car vous utilisez le système métrique. Mais les Britanniques et les Américains utilisent peu le système métrique, et vous pouvez être obligé de donner votre **height** en **inches** (*in-chiz*) (pouces) et en **feet** (*fiit*) (pieds). (1 **foot** = 12 **inches** = 0,3048 m ; 1 **inch** = 2,54 cm)

Voici quelques façons d'indiquer sa taille :

- **I'm five feet, ten inches.** (*aïm faïv fiit tèn in-chiz*) (Je mesure cinq pieds dix pouces.)
- **I'm five feet, ten.** (*aïm faïv fiit tèn*) (Je mesure cinq pieds, dix.)
- **I'm five, ten.** (*aïm faïv tèn*) (Je mesure cinq, dix.)

Pour vous mesurer en pieds et en pouces, vous pouvez faire des conversions mathématiques ou utiliser un **yardstick** (*iââd-stic*) (règle à mesurer) ou un **tape measure** [UK], **measuring tape** [US] (*téïp mè-jee* [UK], *mè-jee-rign téïp* [US]) (ruban à mesurer).

Et à quoi bon connaître vos mensurations en unités anglo-américaines (si ce n'est par pure curiosité) ? Précisément parce que si vous devez remplir un formulaire (par exemple en vue d'obtenir un permis de conduire aux États-Unis), vous pouvez avoir à indiquer votre taille. Le formulaire peut aussi vous demander votre poids, bien entendu en **pounds** (*paoundz*) (livres).

Pour le cas où vous auriez à faire rapidement des conversions de mesures, voici quelques facteurs de conversion approximatifs :

- 1 pouce = environ 25 mm
- 1 pied = environ 30 cm
- 1 yard = environ 0,9 m
- 1 livre = environ 0,45 kg

Mots clés

size	*saïz*	taille
shape	*chéïp*	forme
height	*h'aït*	taille
weight	*ouéït* [UK], *h'ouéït* [US]	poids
feet	*fiit*	pieds
inches	*in-chiz*	pouces

Jeunes et vieux

Bien que ce ne soit pas toujours poli de demander l'âge des gens (consultez le chapitre 4 pour plus de détails sur le sujet), il arrive de parler d'âge dans certaines situations. Et avec vos **peers** (*pi-ez*) (pairs), ceux qui en sont à la même étape de la vie, c'est généralement acceptable. Bien sûr, c'est toujours convenable de demander à des enfants quel âge ils ont – et ils sont ravis de vous le dire ! Si vous voulez demander son âge à quelqu'un, vous pouvez dire :

» **How old are you?** (*h'aou eould ââe iou* [UK], *h'aou ôôld ââe iou* [US]) (Quel âge avez-vous ?)

» **May I ask your age?** (*mèï aï ââsk ioue éïdj* [UK], *mèï aï aask ioue éïdj* [US]) (Puis-je vous demander votre âge ?)

Et voici quelques façons d'indiquer l'âge d'une autre personne ou le vôtre :

» **I'm 30 years old.** (*aïm dee-ti ieez eould* [UK], *aïm dee-ti ieez ôôld* [US]) (J'ai 30 ans.)

» **She's a five-year old.** (*chiz e faïv ieer eould* [UK], *chiz e faïv ieer ôôld* [US]) (Elle a 5 ans.)

» **He's in his 50s.** (*h'iiz in' h'iiz fif-tiz*) (Il a la cinquantaine.)

GRAMMAIRE

En anglais, c'est le verbe **to be** (*tou bi*) (être) qui est utilisé pour exprimer l'âge – non le verbe **to have** (*tou h'av*) (avoir). Les Britanniques et les Américains ne disent pas qu'ils **have years** (*h'av ieez*) (ont des années) ; ils disent **I am ... years old** (*aï am ieez eould* [UK], *aï am ieez ôôld* [US]) (Je suis âgé de ... ans). Vous trouverez d'autres utilisations du verbe **to be** au chapitre 2.

Si vous ne savez pas ou s'il n'est pas nécessaire d'indiquer un âge avec précision, vous pouvez désigner une tranche d'âge au moyen d'une expression générale. Voici quelques termes usuels et leur signification :

- **Infant** (*in-fent*) (Nouveau-né)
- **Baby** (*béï-bi*) (Bébé de 1 à 2 ans)
- **Toddler** (*to-dle* [UK], *tâ-dle* [US]) (Bébé commençant à marcher)
- **Child** (*tchaïld*) (Enfant de 2 à 12 ans)
- **Adolescent** (*a-de-lè-s'nt*) (De 12 à 14 ans)
- **Teenager** (*tiin'-éï-djee*) (De 13 à 19 ans)
- **Young adult** (*iaegn e-daelt* [UK], *iegn e-delt* [US]) (Une personne de plus de 20 ans)
- **Adult** (*a-daelt* [UK], *a-delt* [US]) (Une personne physiquement mûre ou ayant atteint la majorité légale)
- **Middle age** (*mi-del éïdj*) (Typiquement, une personne entre 40 et 50 ans)
- **Senior** (*si-nioe*) (Senior, une personne de plus de 65 ans)
- **Elderly person** (*èl-de-lé pee-sen*) (Une personne âgée)

CULTURE

Les gens des pays développés ayant des vies plus longues, plus saines et plus actives, les notions de **middle age** et de **old age** se sont modifiées. Beaucoup de personnes sont aussi actives – ou presque – à la cinquantaine, la soixantaine ou même comme septuagénaires que lorsqu'elles étaient plus jeunes. Bien qu'on entende parfois le mot **old** appliqué à une très vieille personne, il est en général plus courtois d'utiliser le mot **elderly**.

Chapitre 4

Parler de choses et d'autres

DANS CE CHAPITRE :

- **Le temps qu'il fait**
- **Des sujets sans grande importance**
- **La famille**
- **Répondre à des étrangers**
- **Comment éviter les sujets délicats**

Les Américains adorent converser avec des inconnus ; ils diffèrent en cela des Français et des Britanniques, beaucoup plus réservés. Les Américains entament des discussions dans les autobus et les avions ainsi que dans les magasins d'alimentation ou de vêtements – à vrai dire, à peu près n'importe où. En général, ils sont avenants – et peut-être le silence les rend-il mal à l'aise. Quelle qu'en soit la raison, le fait est qu'aux États-Unis, vous serez à coup sûr impliqué dans le **small talk** (*smôl tôôk* [UK], *smâl tââk* [US]) (bavardage aimable).

C'est un excellent moyen pour découvrir de nouveaux mots et de nouvelles expressions, pratiquer l'anglais et apprendre toutes sortes de choses sur les gens et leur culture – et c'est entièrement gratuit ! Dans ce chapitre, je vous montre comment **to chat** (*tou tchat*) (bavarder). Je passe en revue différents sujets de conversation (comme le temps, les intérêts, la famille, etc.), et j'attire votre attention sur les sujets à éviter dans certaines circonstances. Je donne aussi quelques conseils sur la façon de parler avec des inconnus et vous indique comment vous débarrasser des importuns.

Briser la glace avec des questions simples

Après avoir été présenté à quelqu'un, vous pouvez prolonger la conversation en sachant poser quelques questions simples. (Vous reconnaîtrez sans doute quelques questions du chapitre 2.) Rappelez-vous qu'en anglais, la même forme du **you** sert dans les contextes formels ou informels, et s'adresse à une ou plusieurs personnes. Voici quelques exemples :

- **Do you speak English?** (*dou iou spiik ign-lich*) (Parlez-vous anglais ?)
- **What's your name?** (*ouots ioue néïm'* [UK], *h'ouâts ioue néïm'* [US]) (Comment vous appelez-vous/t'appelles-tu ?)
- **Where are you from?** (*ouèr âe iou from'* [UK], *h'ouèr âe iou frâm'* [US]) (De quel pays êtes-vous/es-tu ?)

Les questions suivantes peuvent aussi vous aider à mieux connaître quelqu'un (mais n'oubliez pas de lire la section « Sujets tabous » plus loin dans ce chapitre, avant de poser de telles questions) :

- **Are you married?** (*âe iou ma-rid*) (Êtes-vous/es-tu marié(e) ?)
- **Do you have children?** (*dou iou h'ave tchil-dren*) (Avez-vous/as-tu des enfants ?)

- » **How old are you?** (*h'aou eould âe iou* [UK], *h'aou ôôld âe iou* [US]) (Quel âge avez-vous/as-tu ?)

Vous trouverez au chapitre 2 de plus amples informations sur la formulation de questions utilisant les mots **what**, **where** et **how**.

Pardon, comment dites-vous ?

Quand vous apprenez une nouvelle langue, vous pouvez avoir besoin de demander à vos interlocuteurs de répéter ou de clarifier ce qu'ils viennent de dire. Les questions suivantes vous aideront à poursuivre la conversation :

- » **Excuse me?** (*ix-kiouz mi*) (Pardon ?)
- » **I don't understand.** (*aï deoun't aen-de-stan'd* [UK], *aï dôôn't en-de-stan'd* [US]) (Je ne comprends pas.)
- » **Pardon?** (*pââ-den*) (Pardon ?)
- » **Say that again, please.** (*sèï dat e-guéïn pliiz*) (Répétez cela, s'il vous plaît/répète cela, s'il te plaît.)
- » **What did you say?** (*ouot did iou sèï* [UK], *h'ouât did iou séï* [US]) (Qu'avez-vous/qu'as-tu dit ?)

TRUC

Dans les pays de langue anglaise, comme en France d'ailleurs, **excuse me** est utilisé aussi non comme question, mais comme exclamation pour demander une permission (de passer tout près de quelqu'un) ou après avoir heurté accidentellement une autre personne.

QUELQUES FORMULES COURTOISES

Où que vous alliez dans le monde, il est bon d'emmener avec vous quelques expressions courtoises et universelles, telles que **Please** (*pliiz*) (S'il vous/te plaît) et **Thank you** (*dzank iou*) (Merci). Ces expressions peuvent amorcerd'agréables interactions et une assistance amicale. La réponse la plus courante à **Thank you** est **You're welcome** (*ioue ouèl-caem* [UK], *ioue ouèl-kem* [US]) (Je vous en prie). Mais vous entendrez dire aussi **No problem** (*neou pro-blem* [UK], *nôô prâ-blem* [US]) (Pas de problème), **Don't mention it** (*deoun't mèn-chen it* [UK], *dôôn't mèn-chen it* [US]) (Il n'y a pas de quoi) et **My pleasure** (*maï plè-je*) (Le plaisir est pour moi).

Parler du temps qu'il fait

AUDIO

Le **weather** (*ouè-dee*) (le temps) a un effet sur tout le monde, et il n'est donc pas surprenant qu'il soit le sujet de conversation le plus courant. En fait, on se réfère parfois aux conversations superficielles en disant **talking about the weather** (*tôô-kign e-baout de ouè-dee* [UK], *tââ-kign e-baout de ouè-dee* [US]) (parler de la pluie et du beau temps), car les conversations informelles (comme celles sur le temps qu'il fait) sont légères, impersonnelles et universelles.

Bien sûr, pour parler du temps, vous devez connaître quelques mots et expressions appropriés. Vous pouvez facilement discuter du temps en utilisant le pronom **it** (*it*) (il), comme dans **It is sunny today** (*it iz sae-ni* *tou-dèï* [UK], *it iz se-ni tou-dèï* [US]) (Il y a du soleil aujourd'hui). Dans cette phrase, le mot **it** ne se réfère pas à un nom spécifique ; il se réfère au temps en général. Notez que les anglophones utilisent presque toujours la contraction **it's** (*its*) (il fait/il y a). (Reportez-vous au chapitre 2 pour plus de détails sur les contractions.)

Voici quelques exemples utilisant **it's** et le vocabulaire du temps qu'il fait :

- **It's hot.** (*its hot* [UK], *its hât* [US]) (Il fait très chaud.)
- **It's cold.** (*its keould* [UK], *its côôld* [US]) (Il fait froid.)
- **It's warm.** (*its ouôôm* [UK], *its ouââm* [US]) (Il fait chaud.)
- **It's dry.** (*its draï*) (Il fait un temps sec.)
- **It's raining.** (*its réï-nign*) (Il pleut.)
- **It's snowing.** (*its sneou-ign* [UK], *its snôô-ign* [US]) (Il neige.)
- **It's windy.** (*its ouin-di*) (Il y a du vent.)
- **It's humid.** (*its h'iouou-mid*) (Il fait un temps humide.)
- **It's cloudy.** (*its claou-di*) (Il y a des nuages.)
- **It's sunny.** (*its sae-ni* [UK], *its se-ni* [US]) (Il y a du soleil.)

GRAMMAIRE

Le temps dont l'on discute typiquement est le temps qu'il fait aujourd'hui. C'est pourquoi la plupart des commentaires sur le temps, comme les exemples précédents, utilisent le verbe **is** – le présent singulier du verbe **to be** (*tou bii*) (être). Mais si vous voulez parler du temps qu'il faisait ou fera, suivez les recommandations suivantes :

- Pour le temps qu'il faisait hier, utilisez **was** (*ouoz* [UK], *ouâz* [US]) (était), le passé singulier du verbe **to be**. Par exemple : **It was cold yesterday.** (*it ouoz keould iès-te-dèï* [UK], *it ouâz côôld iès-te-dèï* [US]) (Il faisait froid hier.)
- Pour le temps de demain, utilisez le verbe **will be** (*ouil bi*) (sera), le futur de **to be**. Par exemple : **It will be cloudy tomorrow.** (*it ouil bi claou-di tou-mo-reou* [UK], *it ouil be claou-di tou-mâ-rôô* [US]) (Il y aura des nuages demain.)
- En parlant du temps qu'il fera, les gens disent souvent **I hope** (*aï h'eoup* [UK], *aï h'ôôp* [US]) (J'espère) ou **It might** (*it maït*) (Il pourrait), parce que personne ne peut être sûr à 100 % du temps qu'il fera demain – pas même les météorologues ni les voyantes.

Pour plus d'informations sur les temps du verbe **to be**, consultez le chapitre 2.

CULTURE

It's raining buckets! (*its réï-nign bae-kits* [UK], *its réï-nign be-kits* [US]) (Il pleut à verse !) est une expression que vous pourrez entendre quand il pleut particulièrement fort. Une expression encore plus étrange est : **It's raining cats and dogs!** (*its réï-nign cats and dogz*) (Il pleut des chats et des chiens !) Voilà qui serait un spectacle !

Expressions pour amorcer la conversation sur le temps

Le temps est un sujet non personnel, de sorte qu'il convient parfaitement pour amorcer une conversation informelle, particulièrement avec des inconnus.

Voici quelques façons courantes d'aborder le temps (et les réponses) souvent utilisées pour amorcer la conversation.

- **It's a beautiful day, isn't it?**
  it's a biou-ti-foul dèï iz-ent it
  C'est une belle journée, n'est-ce pas ?
  Yes, it is!
  iès it iz
  Oui, en effet !
- **It sure is hot today, isn't it?**
  it chououe iz hot tou-dèï iz-ent it [UK]
  it chououe iz hât tou-dèï iz-ent it [US]
  Il fait vraiment chaud aujourd'hui, n'est-ce pas ?
  It sure is!
  it chououe iz
  Oui vraiment !
- **Nice weather don't you think?**
  naïs ouè-dee deou-n't iou dzink [UK]
  naïs ouè-dee dôô-n't iou dzink [US]
  C'est le beau temps, pas vrai ?
  Yes I do.
  iès aï dou
  Oui en effet.

GRAMMAIRE

Les amorces de conversation informelle finissent souvent par une petite question à la suite de la proposition principale. Si vous voulez utiliser une question finale, souvenez-vous que lorsque la proposition principale est affirmative : **It's a nice day...** (*its e naïs dèï*) (C'est une belle journée...), la question est négative : **... isn't it?** (*iz-n't it*) (... n'est-ce pas ?) En revanche, si la proposition principale est négative : **It's not very warm**

today… (*its not vé-ri ouôôm tou-dèï* [UK], *its nât vé-ri ouââm tou-dèï* [US]) (Il ne fait pas bien chaud aujourd'hui…), la question est affirmative : **… is it?** (*iz it*) (… n'est-ce pas ?)

Les saisons

Si les îles Britanniques ont quatre **seasons** (*sii-zenz*) (saisons) comme le reste de l'Europe, quelques régions des États-Unis (comme la Floride, la Californie du Sud et certaines parties du Sud-Ouest) sont tellement chaudes qu'elles paraissent n'avoir qu'une saison : l'été ! Voici les noms des quatre saisons :

- **spring** (*sprign*) (printemps)
- **summer** (*sae-me* [UK], *se-me* [US]) (été)
- **autumn** [UK] (*ôô-tem*), **fall** [US] (*fâl*) (automne)
- **winter** (*ouin-tee*) (hiver)

Mots clés

it's hot	*its h'ot* [UK], *its h'ât* [US]	il fait très chaud
cold	*keould* [UK], *côôld* [US]	froid
weather	*ouè-de*	temps qu'il fait
season	*sii-zen*	saison
small talk	*smôl tôôk* [UK], *smâl tââk* [US]	conversation informelle
to chat	*tou tchat*	bavarder
it's raining	*its réï-nign*	il pleut

Si vous voulez connaître le temps d'une certaine région ou pendant une certaine partie de l'année, vous pouvez poser l'une des questions suivantes (remarquez la contraction **what's** pour **what is**) :

- **What's the weather like in Chicago?** (*ouots de <u>ouè</u>-dee laïk in chi-<u>ca</u>-gueou* [UK], *ouâts de <u>ouè</u>-dee laïk in chi-<u>ca</u>-gôô* [US]) (Quel temps fait-il à Chicago ?)
- **What's it like in the summer?** (*ouots it laïk in de <u>sae</u>-me* [UK], *ouâts it laïk in de <u>se</u>-me* [US]) (Comment est-ce en été ?)

SI LE TEMPS NE TE CONVIENT PAS…

Il arrive que l'on dise **We're going to get some weather** (*oui ââe <u>gô</u>-ign tou guèt saem <u>ouè</u>-de* [UK], *oui ââe <u>gô</u>-ign tou guèt sem <u>ouè</u>-de* [US]) (Il va faire un temps). Qu'est-ce à dire ? Ne fait-il pas déjà un temps ? Bien sûr ! Cette expression veut dire que la pluie ou un orage est en route, en supposant que les prédictions météo soient correctes. Dans l'Est des États-Unis, le temps peut changer rapidement, et l'on dit en plaisantant : **If you don't like the weather, wait five minutes!** (*if iou deoun't laïk de <u>ouè</u>-de ouèït faïv <u>mi</u>-nits* [UK], *if iou dôôn't laïk de <u>ouè</u>-de ouèït faïv <u>mi</u>-nits* [US]) (Si le temps ne te convient pas, attends cinq minutes !)

Entretenir la conversation

Le temps est un excellent sujet pour démarrer la conversation, mais au bout d'un certain temps, vos interlocuteurs américains voudront aborder des sujets qui leur tiennent davantage à cœur, comme la famille, leurs activités, leurs intérêts et l'actualité – tout en traitant de ces questions avec un certain détachement. (Naturellement, certains sujets d'actualité ne peuvent guère être traités à la légère, et les gens en discutent souvent avec passion.) Les sections suivantes examinent divers thèmes abordés aisément lors de rencontres avec des Américains, mais qui pourraient être considérés par des Britanniques comme faisant partie de la sphère privée et, à ce titre, difficiles, voire impossibles à aborder avec un inconnu.

Où habitez-vous ?

AUDIO

Aussitôt après avoir fait connaissance avec des Américains, vous pouvez vous attendre à ce qu'ils vous demandent d'où vous venez. Et quand vous connaîtrez mieux une personne, vous voudrez probablement échanger vos adresses et numéros de téléphone. Voici les questions correspondantes en anglais :

- **Where do you live?** (*ouèe dou iou liv* [UK], *h'ouèe dou iou liv* [US]) (Où habitez-vous ?)
- **What's your address?** (*ouots ioue e-drès* [UK], *h'ouâts ioue e-drès* [US]) (Quelle est votre adresse ?)
- **Can I have your phone number?** (*can aï h'av ioue feoun naem-be* [UK], *can aï h'av ioue fôôn nem-be* [US]) (Puis-je avoir votre numéro de téléphone ?)

Pour répondre, vous pourrez utiliser l'une de ces expressions :

- **I live in Dallas, Texas.** (*aï liv in da-les tè-xes*) (J'habite à Dallas, Texas.)
- **I live in a flat** [UK], **I live in an appartment** [US]. (*aï live in e flat* [UK], *aï liv in en e-pâât-m'nt* [US]) (J'habite dans un appartement.)

» **I live at 220 Forest Road.** (*aï liv at tou touèn-ti fo-rèst reoud* [UK], *aï live at tou touèn-ti fâ-rèst rôôd* [US]) (J'habite 220 rue Forest.)

De nos jours, les gens échangent leurs adresses e-mail plus souvent que leurs adresses personnelles. En anglais, quand vous indiquez votre adresse e-mail, dites le symbole @ comme **at** (*at*) (à) et prononcez le point **dot** (*dot* [UK], *dât* [US]) (point).

Le chapitre 5 contient davantage d'informations sur les lieux et les adresses.

VOTRE ACCENT VOUS TRAHIT

Aux États-Unis, vous n'aurez aucun mal à poursuivre une conversation, parce qu'à coup sûr, dès que vous sortez un mot, quelqu'un remarque votre **accent** (*ak-sent*) (accent) et demande : **Where are you from?** (*ouèe ââe iou from* [UK], *h'ouèe ââe iou frâm* [US]) (De quel pays êtes-vous ?)

Ensuite, on vous demandera probablement **How long have you been here?** (*h'aou logn h'av iou biin h'ie* [UK], *h'aou lâgn h'av iou biin h'ie* [US]) (Depuis combien de temps êtes-vous ici ?) et ensuite on essaiera de savoir pourquoi vous êtes venu, combien de temps vous restez, etc. Une enquête officieuse auprès de mes étudiants révèle que 99 fois sur 100, la première question que les gens leur posent est : **Where are you from?** Les gens sont curieux d'apprendre quelque chose sur vous, votre pays et votre culture. Ne soyez donc pas surpris d'entendre souvent cette question.

Sujets de conversation : le travail et les études

Pour la majorité des gens, le travail et les études occupent la majeure partie de la journée, de sorte que ces activités sont presque partout des sujets de conversation courants, surtout aux États-Unis. Quand vous rencontrez un Américain pour la première fois, vous pouvez sans hésiter lui poser les questions suivantes :

- **What kind of work do you do?** (*ouot caïnd ev oueek dou iou dou* [UK], *h'ouât caïnd ev oueek dou iou dou* [US]) (Quel genre de travail faites-vous ?)
- **Where do you work?** (*ouèe dou iou oueek* [UK], *h'ouèe dou iou oueek* [US]) (Où travaillez-vous ?)
- **What school are you going to?** (*ouot scououl âe iou gueou-ign tou* [UK], *h'ouât scououl âe iou gôô-ign tou* [US]) (Où étudiez-vous ?)
- **What are you studying?** (*ouot ââ iou stae-di-ign* [UK], *h'ouât ââ iou ste-di-ign* [US]) (Qu'est-ce que vous étudiez ?)

GRAMMAIRE

En anglais, quand vous indiquez une profession, vous pouvez dire **I'm a teacher** (*aïm e tii-tche*) (Je suis professeur) ou **She is an artist** (*chii iz en ââ-tist*) (Elle est artiste). Utilisez l'article **a** ou **an**. (Souvenez-vous : les articles n'ont pas de genre en anglais ; ils sont neutres. Allez au chapitre 2 s'il vous faut plus de détails.)

Mots clés

address	*e-dress*	adresse
phone number	*feoun naem-be* [UK], *fôôn nem-be* [US]	téléphone
to live	*tou liv*	vivre/habiter
to work	*tou oueek*	travailler
to study	*tou stae-di* [UK], *tou ste-di* [US]	étudier
school	*scououl*	école/établissement d'enseignement

Exprimer les goûts et les préférences

La question simple et pratique **Do you like...?** (*dou iou laïk*) (Aimez-vous... ?) peut entretenir une conversation sur vos intérêts, vos goûts, vos musiques préférées, etc. Voici quelques questions avec des réponses :

- **Do you like jazz?**
  dou iou laïk djaz
  Aimes-tu/aimez-vous le jazz ?
    Yes I do.
    iès aï dou
    Oui je l'aime.
- **Do you like computer games?**
  dou iou laïk kem-piou-te guéïmz
  Aimes-tu/aimez-vous les jeux sur ordinateur ?
    No, not much.
    neou not maetch [UK]
    nôô nât metch [US]
    Non, pas beaucoup.

- **Do you like cats?**

  dou iou laïk cats

  Aimes-tu/aimez-vous les chats ?

  > **Not really. I prefer dogs.**
  >
  > *not ri-e-li aï pri-fee dogz* [UK]
  >
  > *nât ri-e-li aï pri-fee dâgz* [US]
  >
  > Pas vraiment, je préfère les chiens.

GRAMMAIRE

Une autre question pratique pour relancer une conversation informelle est : **How do you like...?** (*h'aou dou iou laïk*) (Que penses-tu/pensez-vous de... ?) Cette question demande votre opinion ou votre sentiment sur quelque chose, alors que la question **Do you like...?** exige seulement **yes** ou **no** comme réponse. Voici quelques questions de ce type avec des réponses :

- **How do you like this town?**

  h'aou dou iou laïk dis taoun

  Que penses-tu/pensez-vous de cette ville ?

  > **I like it. It's great!**
  >
  > *aï laïk it its gréït*
  >
  > Elle me plaît. Elle est magnifique !

- **How do you like your psychology class?**

  h'aou dou iou laïk ioue saï-co-le-dji clââs [UK]

  h'aou dou iou laïk ioue saï-câ-le-dji claas [US]

  Que pensez-vous de votre cours de psychologie ?

  > **It's interesting.**
  >
  > *its in-te-res-tign*
  >
  > C'est intéressant.

- **How do you like my haircut?**

  haou dou iou laïk maï h'èe-caet [UK]

  haou dou iou laïk maï h'èe-ket [US]

Que penses-tu/pensez-vous de ma coupe de cheveux ?

Hmm. It's very short.

h'm its vé-ri choot

Hum. Ils sont coupés très court.

TRUC

Vous ne pouvez pas encore parler beaucoup en anglais mais vous voulez engager des conversations ? Voici un procédé facile à utiliser : quand quelqu'un vous pose une question, répondez et retournez la question au moyen de l'une de ces expressions :

- **And you?** (*and iou*) (Et toi/vous ?)
- **How about you?** (*h'aou e-baout iou*) (Et toi/vous ?)
- **What about you?** (*ouot e-baout iou* [UK], *h'ouât e-baout iou* [US]) (Et toi/vous ?)

Entraînez-vous au moyen de ces quelques couples de questions/réponses :

- **Are you a student?**

  âe iou e stiou-dent [UK]

  âe iou e stou-dent [US]

  Es-tu/êtes-vous un étudiant/une étudiante ?

  Yes, I am. What about you?

  iès aï am ouot e-baout iou [UK]

  iès aï am h'ouât e-baout iou [US]

  Oui. Et toi/vous ?

- **Do you have any pets?**

  dou iou h'av è-ni pèts

  As-tu/avez-vous des animaux ?

  Yes, two cats. How about you?

  iès touou cats h'aou e-baout iou

  Oui, deux chats. Et toi/vous ?

- **Have you seen the statue of Liberty?**
  h'av iou siin de sta-tiou ev li-be-ti
  As-tu/avez-vous vu la statue de la Liberté ?

  Not yet. And you?
  not ièt and iou [UK]
  nât ièt and iou [US]
  Pas encore. Et toi/vous ?

Parler de la famille

La plupart des Américains aiment parler de la **family** (*fa-mi-li*) (famille). Vous apprendrez beaucoup de choses sur la culture, la société et même l'histoire américaine (sans suivre de cours ni lire d'interminables ouvrages) simplement en interrogeant les gens sur leur famille. Voici quelques mots pour commencer :

» **mum** [UK], **mom** [US] (*maem* [UK], *mâm* [US]) (maman)

» **dad** (*dad*) (papa)

» **parents** (*pa-rents*) (parents)

» **children/kids** (*tchil-dren kidz*) (enfants)

» **daughter** (*dôô-te* [UK], *dââ-te* [US]) (fille)

» **son** (*saen* [UK], *sen* [US]) (fils)

» **sister** (*sis-te*) (sœur)

» **brother** (*brae-de* [UK], *bre-de* [US]) (frère)

» **siblings** (*saï-blignz*) (frères et sœurs)

Et voici les noms d'autres **relatives** (*rè-le-tivz*) (parents/membres de la famille) :

- **aunt** (*âânt*) (tante)
- **uncle** (*aen-kel* [UK], *en-kel* [US]) (oncle)
- **cousin** (*cae-zin* [UK], *ke-zin* [US]) (cousin/cousine)
- **niece** (*niis*) (nièce)
- **nephew** (*nè-fiou*) (neveu)
- **grandmother** (*gran-mae-de* [UK], *gran-me-de* [US]) (grand-mère)
- **grandfather** (*gran-fââ-de* [UK], *gran-faa-de* [US]) (grand-père)
- **stepmum** [UK], **stepmom** [US] (*stèp-maem* [UK], *stèp-mâm* [US]) (belle-mère : épouse du père remarié)
- **stepdad** (*stèp-dad*) (beau-père : époux de la mère remariée)
- **stepchild** (*stèp-tchaïld*) (enfant de l'époux/épouse)

À QUELLE TRIBU APPARTIENS-TU ?

Les conversations informelles varient beaucoup selon les pays. Par exemple, en Afrique, on m'a souvent demandé : **What tribe do you belong to?** (*ouot traïb dou iou bi-logn tou* [UK], *h'ouât traïb dou iou bi-lâgn tou* [US]) (À quelle tribu appartiens-tu ?)

D'origine européenne (et n'appartenant à aucune tribu), j'étais surprise par la question, mais ceux qui m'interrogeaient étaient encore plus surpris quand je disais : « Je n'appartiens à aucune tribu. » Ils pensaient : « Comment peux-tu ne pas appartenir à une tribu ? » Bien sûr, beaucoup de gens aux États-Unis appartiennent à des tribus, car il y a des centaines de tribus autochtones.

À RETENIR

Combien de **parents** avez-vous ? Attention… En anglais, seuls votre **mum** [UK]/**mom** [US] et votre **dad** sont vos **parents**. Vos **relatives** sont tous les autres membres de votre famille. En français, « parents » s'applique selon le contexte à ceux et à celles désignés par l'anglais **parents** ou **relatives**.

Il vous est facile de parler de la famille quand vous connaissez quelques questions simples. À des Américains que vous venez de rencontrer (non à des Britanniques !), vous pouvez demander sans hésiter :

- **Do you have any children?** (*dou iou h'av è-ni tchil-dren'*) (Avez-vous des enfants ?)
- **Where does your family live?** (*ouèe daez ioue fa-mi-li liv* [UK], *h'ouèe dez ioue fa-mi-li liv* [US]) (Où habite votre famille ?)

Et aux personnes que vous connaissez déjà, vous pouvez demander :

- **How are your parents?** (*h'aou ââ ioue pa-rents*) (Comment vont vos parents ?)
- **How's your husband?** (*h'aouz ioue haez-bend* [UK], *h'aouz ioue h'ez-bend* [US]) (Comment va votre mari ?)
- **How's your wife?** (*h'aouz ioue ouaïf*) (Comment va votre femme ?)
- **How old are your children now?** (*h'aou eould ââe ioue tchil-dren naou* [UK], *h'aou ôôld ââe ioue tchil-dren naou* [US]) (Quel âge ont vos enfants maintenant ?)

GRAMMAIRE

La famille est une unité (un seul groupe de personnes), de sorte que le mot famille est suivi d'un verbe au singulier, comme dans **My family is in Brittany** (*maï fa-mi-li iz in bri-te-ni*) (Ma famille est en Bretagne). Mais le pronom pour le mot famille est le pluriel **they** (*dèï*) (ils/elles), lequel demande un verbe au pluriel comme dans **They are coming to visit me** (*dèï ââ cae-mign tou vi-zit mii* [UK], *dèï ââ ke-mign tou vi-zit mii* [US]) (Ils vont venir me voir). Pourquoi le mot **family** est-il ainsi ? Mystère, mais c'est comme ça !

Si vous entendez des gens parler des **in-laws** (*in' lôôz* [UK], *in lââz* [US]) (beaux-parents), ils ne se réfèrent pas à des lois ou à des avocats. Ils se réfèrent aux **parents** (père et mère) de leur mari ou de leur femme. Ainsi, les parents de votre époux/épouse sont votre **mother-in-law** (*mae-de in' lôô* [UK], *me-de in' lââ* [US]) (belle-mère) et votre **father-in-law** (*fââ-de in' lôô* [UK], *faa-de in' lââ* [US]) (beau-père). Et vous êtes de ce fait leur **daughter-in-law** (*dôô-te in' lôô* [UK], *dââ-te in' lââ* [US]) (belle-fille) ou leur **son-in-law** (*saen in' lôô* [UK], *sen in' lââ* [US]) (beau-fils).

Mots clés

mother	*mae-de* [UK], *me-de* [US]	mère
father	*fââ-de* [UK], *faa-de* [US]	père
stepchild	*stèp-tchaïld*	enfant du mari ou de l'épouse
relative	*rè-le-tiv*	parent (autre que le père ou la mère)
husband	*h'aez-bend* [UK], *h'ez-bend* [US]	mari
wife	*ouaïf*	épouse
in-law	*in' lôô* [UK], *in' lââ* [US]	par alliance
family members	*fa-mi-li mèm-bez*	membres de la famille/parents

Parler avec des inconnus

Les États-Unis sont l'un des pays où il est le plus facile de débuter une conversation avec des inconnus. Ne soyez pas surpris si une personne totalement inconnue vous sourit et vous dit **Hi**. C'est parfaitement normal.

Et que devez-vous faire si un inconnu vous dit **Hi** en vous croisant dans la rue ou se trouve à côté de vous dans la queue du supermarché ? Facile. Souriez simplement et dites **Hi**, vous aussi.

TRUC

Vous pouvez, aux États-Unis, pratiquer votre anglais avec un inconnu, même si vous ne connaissez pas bien la langue. Établissez simplement un contact visuel avec une personne près de vous, souriez ou inclinez la tête, et dites **Hello** (*h'è-leou* [UK], *h'è-lôo* [US]) (Bonjour).

Les gens ne commencent généralement une conversation informelle qu'après avoir établi brièvement un contact visuel. Mais si vous ne voulez pas continuer à bavarder après qu'un inconnu vous a dit **Hi**, cessez simplement le contact visuel. Votre langage corporel dit que vous désirez mettre fin à l'échange. La plupart des gens respectent ce comportement.

À RETENIR

Je sais que vous allez peut-être me prendre pour une mère poule, mais ceci est important ! Bavarder avec des inconnus est normal ; les Américains le font tout le temps. Mais jamais – au grand jamais – ne donnez à un inconnu votre numéro de téléphone ou votre adresse, et ne montez jamais dans la voiture d'un inconnu. La personne peut être sincère et vous faire une offre authentique d'assistance, mais vous ne pouvez pas en être sûr(e), ne prenez donc pas le risque.

Sujets tabous

Aïe ! Avez-vous dit ce qu'il ne fallait pas ? Avez-vous **put your foot in your mouth** (*pout ioue fout in' ioue maoudz*) (mis votre pied dans la bouche/commis une gaffe) ? Savoir ce dont il ne faut pas parler est aussi important que de savoir de quoi parler – ce peut même être plus important ! Bien qu'on puisse se montrer très curieux des autres aux États-Unis, il y a des limites, et il est impoli de s'enquérir de l'âge d'une personne, surtout si elle semble plus vieille que vous.

Les questions suivantes sont considérées comme trop personnelles pour être posées lors de conversations informelles ou à des inconnus :

- **How old are you?** (*h'aou eould ââe iou* [UK], *h'aou ôôld ââe iou* [US]) (Quel âge avez-vous ?)
- **How much money do you make?** (*h'aou maetch mae-ni dou iou méïk* [UK], *h'aou metch me-ni dou iou méïk* [US]) (Combien d'argent gagnez-vous ?)
- **Are you pregnant?** (*ââ iou prèg-nent*) (Êtes-vous enceinte ?)
- **Why don't you have children?** (*ouaï deount iou h'av tchil-dren* [UK], *h'ouaï dôônt iou h'av tchil-dren* [US]) (Pourquoi n'avez-vous pas d'enfants ?)
- **Why are you divorced?** (*ouaï ââ iou di-vôôst* [UK], *h'ouaï ââ iou di-vôôst* [US]) (Pourquoi êtes-vous divorcé/divorcée ?)
- **Why aren't you married?** (*ouaï âân't iou ma-rid* [UK], *h'ouaï âân't iou ma-rid* [US]) (Pourquoi n'êtes-vous pas marié/mariée ?)
- **How much do you weigh?** (*h'aou maetch dou iou ouèï* [UK], *h'aou metch dou iou ouèï* [US]) (Combien pesez-vous ?)

Naturellement, entre bons amis et avec vos intimes, vous pouvez parler de presque n'importe quoi. Mais si vous n'êtes pas sûr, vous pouvez vous servir de l'une de ces expressions pour amorcer une question :

» **Do you mind if I ask...?** (*dou iou maïnd if aï ââsk* [UK], *dou iou maïnd if aï aask* [US]) (Pourrais-je vous demander... ?)

- **... your age?** (*ioue éïdj*) (... ton/votre âge ?)
- **... how old you are?** (*h'aou eould iou ââe* [UK], *h'aou ôôld iou ââe* [US]) (... quel est votre âge ?)

» **May I ask...?** (*mèï aï ââsk* [UK], *mèï aï aask* [US]) (Puis-je demander... ?)

- **... if you are married?** (*if iou ââ ma-rid*) (... si vous êtes marié/mariée?)
- **... where you live?** (*ouèe iou liv* [UK], *h'ouèe iou liv* [US]) (... Où vous habitez ?)

TRUC

Que faire si quelqu'un vous pose une question personnelle à laquelle vous ne voulez pas répondre ? Voici quelques réponses rapides et efficaces (mais amicales) :

» **I'd rather not say.** (*aïd râ̂â-de not sèï* [UK], *aïd d raa-de nât sèï* [US]) (Je préférerais ne pas le dire.)

» **It's personal.** (*its pee-se-nel*) (C'est personnel.)

» **It's private.** (*its praï-vet*) (C'est personnel.)

» **It's a secret.** (*its e sii-cret*) (C'est un secret.)

Mots clés

pregnant	*<u>prèg</u>-nent*	enceinte
married	*<u>ma</u>-rid*	marié/mariée
divorced	*di-<u>vôôst</u>*	divorcé/divorcée
private	*<u>praï</u>-vet*	privé/personnel
personal	*<u>pee</u>-se-nel*	personnel
secret	*<u>sii</u>-cret*	secret

Chapitre 5

Où suis-je ? Demander son chemin

DANS CE CHAPITRE :

- **Trouver des endroits classiques**
- **Demander de l'aide**
- **Comprendre les indications**

Recherchant un bureau de poste dans un pays lointain, j'ai agité mes cartes postales devant un passant, en disant « bureau de poste » en anglais, parce que je ne connaissais pas un mot de la langue de ce passant. Pas étonnant qu'il ne se soit pas arrêté. Ce n'était pas très poli. Et comme vous pouvez l'imaginer, j'ai eu du mal à me rendre où je voulais aller.

Quand vous serez dans un pays anglophone à la recherche d'un **post office** (*peoust o-fis* [UK], *pôôst o-fis* [US]) (bureau de poste), vous n'aurez pas ce problème. Comment puis-je le savoir ? Parce qu'en ce moment vous êtes en train de lire ce chapitre, qui vous fournit de nombreuses expressions utiles et de nombreuses manières de demander de l'aide, de comprendre les **directions** (*di-rèk-chenz*) (indications) et de trouver l'endroit où vous voulez vous rendre – comme la banque, les toilettes, la plage et même le bureau de poste.

Excusez-moi

En voyage ou quand vous cherchez votre chemin dans un lieu inconnu, vous pouvez avoir à demander des indications à quelqu'un. C'est parfaitement normal d'approcher une personne dans la rue ou de rentrer dans un magasin et de parler à un vendeur. Et les gens seront plus disposés à vous venir en aide si vous connaissez quelques expressions courtoises pour attirer l'attention, comme :

- **Excuse me.** (*ix-kiououz mi*) (Excusez-moi.)
- **Pardon me.** (*pââ-den mi*) (Pardon.)
- **Can you help me.** (*can iou h'èlp mi*) (Pourriez-vous m'aider ?)

Maintenant que vous savez attirer l'attention de quelqu'un, vous trouverez comment demander votre chemin dans les sections suivantes.

BATHROOMS, RESTROOMS, TOILETS…

Quand « il faut y aller », demandez **Where's the ladies' room?** (*ouèez de léï-diz roum* [UK], *h'ouèez de léï-diz roum* [US]) (Où sont les toilettes pour femmes ?) ou **Where's the mens' room?** (*ouèez de mènz roum* [UK], *h'ouèez de mènz roum* [US]) (Où sont les toilettes pour hommes ?). Ce sont des mots polis, socialement acceptables que vous pouvez utiliser quand vous avez besoin d'aller aux toilettes. Mais ne dites pas **Where is the toilet?** Quelle qu'en soit la raison, ces mots paraissent un peu crus pour des oreilles américaines, qui préfèrent entendre les expressions plus indirectes **bathroom** et **restroom**, bien qu'il ne s'agisse ni de prendre un bain ni de se reposer ! Quant au mot **john** (*djoon* [UK], *djâân* [US]), l'argot américain pour toilettes, il est un peu plus distingué, mais ne convient nullement à un contexte formel.

Pour être complet, signalons l'équivalent familier britannique **loo** (*louou*), qui semble être une abréviation et une adaptation du français « lieu d'aisance ».

Demander des indications

Où que vous soyez dans le monde, vos besoins fondamentaux restent les mêmes. Vous avez besoin de **food** (*fououd*) (nourriture), d'une place **to sleep** (*pléïs tou sliip*) (endroit pour dormir), de **money** (*mae-ni* [UK], *me-ni* [US]) (argent) et de **bathroom** (*bâââdz-rououm* [UK], *baadz-rououm* [US]) (salle de bains/toilettes aux États-Unis). D'accord, vous pouvez avoir d'autres besoins – comme l'amitié, l'amour, le bonheur et une bonne paire de chaussures de marche. Mais avant de trouver un ami ou l'amour, vous avez probablement besoin de **to eat** (*tou iit*) (manger) ou **use the restroom** (*iouz de rèst-roum*) (utiliser les toilettes), de sorte que savoir comment **ask for directions** (*ââsk foe di-rèk-chenz* [UK], *aask foe di-rèk-chenz* [US]) (demander des indications) est indispensable.

Après avoir obtenu l'attention de quelqu'un, vous pouvez demander à trouver l'endroit que vous cherchez. Par exemple :

- **How can I get to a bank?** (*h'aou can aï guèt tou e bank*) (Où puis-je trouver une banque ?)
- **Where's the supermarket?** [UK], **Where is the grocery store?** [US] (*ouèe iz de souou-pe-mââ-kit* [UK], *h'ouèe iz de grôô-se-ri stôôe* [US]) (Où se trouve le supermarché ?)
- **Is there a public lavatory nearby?** [UK], **Is there a public restroom nearby?** [US] (*iz dèe a pae-blic la-ve-tri nie-baï* [UK], *iz dèe a pae-blic rest-rououm nie-baï* [US]) (Y a-t-il des toilettes publiques près d'ici ?)
- **How do I find ... ?** (*h'aou dou aï faïnd*) (Où puis-je trouver ... ?)
- **Please direct me too ...** (*pliiz di-rèct mi tou*) (Indiquez-moi s'il vous plaît le/la/un/une ...)

Naturellement, vos besoins les plus immédiats et les plus pressants dépendent de votre situation spécifique, et vous pouvez avoir à modifier les questions ci-dessus. Si, par exemple, vous escaladez les montagnes Rocheuses, vous ne demanderez probablement pas **How do I get to a bank?** Vous voudrez plutôt savoir **How do I get down from here?** (*h'aou dou aï guèt daoun from h'ie* [UK], *h'aou dou aï guèt daoun frâm h'ie* [US]) (Comment est-ce que je redescends d'ici ?).

La liste suivante contient des mots et des expressions à utiliser quand vous cherchez à aller quelque part :

» **Excuse me, where is...** (*ix-kiououz mi ouèe iz* [UK], *ix-kiououz mi h'ouèe iz* [US]) (Pardon, où se trouve...)

- **... the motorway?** [UK], **... the freeway?** [US] (*de meou-te-ouèï* [UK], *de free-ouèï* [US]) (... l'autoroute ?)
- **... the main part of town?** (*de méïn pâât ev taoun*) (... la partie principale de la ville ?)
- **... the bus station?** (*de baes stéï-chen* [UK], *de bes stéï-chen* [US]) (... la station d'autobus ?)
- **... a good restaurant?** (*e goud rès-te-rânt*) (... un bon restaurant ?)
- **... a pharmacy?** (*e fââ-me-si*) (... une pharmacie ?)
- **... Carnegie Hall?** (*cââ-ne-gui h'ôôl* [UK], *cââ-ne-gui hââl* [US]) (... Carnegie Hall ?)

Mots clés

public lavatory [UK], public restroom [US]	*pae-blic la-ve-tri* [UK], *pe-blic rèst-roum* [US]	toilettes publiques
supermarket [UK], grocery store [US]	*sou-pe-mââ-kit* [UK], *grôô-se-ri stôôe* [US]	supermarché
bank	*bank*	banque
pharmacy	*fââ-me-si*	pharmacie
ladies' room	*léï-diz roum*	toilettes pour dames
mens' room	*mènz roum*	toilettes pour hommes
post office	*peoust o-fis* [UK], *pôôst o-fis* [US]	bureau de poste

Dans la bonne direction

En obtenant des indications, vous pourrez entendre les mots suivants :

- **straight** (*stréït*) (tout droit)
- **right** (*raït*) (à droite)
- **left** (*lèft*) (à gauche)
- **on the corner of** (*on de côô-ne ov*) (au coin de)
- **block** (*bloc* [UK], *blâc* [US]) (pâté de maisons/groupe d'immeubles)
- **traffic light** [UK], **stoplight** [US] (*tra-fic laït* [UK], *stâp-laït* [US]) (feux)
- **stop sign** (*stop saïgn* [UK], *stâp saïgn* [US]) (panneau de stop)
- **intersection** (*in-te-sèk-chen*) (croisement)
- **road** (*reoud* [UK], *rôôd* [US]) (route)
- **street** (*striit*) (rue)
- **avenue** (*a-ve-nou*) (avenue)

Utilisation des prépositions de lieu : Next to, across, in front of, etc.

Les prépositions de lieu vous disent où une chose est située par rapport à autre chose. Par suite, comme vous vous en doutez, il est à peu près impossible de comprendre ou de donner des itinéraires sans ces prépositions – vous seriez perdu... littéralement ! Par exemple, la préposition **next to** (*nèxt tou*) (à côté de) dans la phrase **My house is next to the bakery** (*maï h'aous iz nèxt tou de béï-ke-ri*) (Ma maison est à côté de la boulangerie) vous indique que ma maison et la boulangerie sont côte à côte (et que probablement je mange trop de pâtisseries fraîchement sorties du four !). Voici quelques prépositions très courantes utilisées pour donner des indications de lieu :

- **before** (*bi-foe*) (avant)
- **after** (*ââf-te* [UK], *aaf-te* [US]) (après)
- **near** (*nie*) (près)
- **next to** (*nèxt tou*) (à côté de)
- **across from** (*e-cros from* [UK], *e-cros frâm* [US]) (de l'autre côté de)
- **in front of** (*in fron't ov*) (devant)
- **around the corner** (*e-raound de côô-ne*) (après avoir tourné le coin)
- **on the right** (*on de raït*) (sur la droite)
- **on the left** (*on de lèft*) (sur la gauche)
- **in the middle** (*in de mi-del*) (au milieu)
- **at the end** (*at di ènd*) (au bout)

TRUC

Ayez sur vous un petit carnet (et un crayon ou un stylo) afin de demander aux gens de dessiner une carte quand ils vous donnent des indications. Dites seulement : **Can you draw a map, please?** (*can iou drôô e map pliiz* [UK], *can iou drââ a map pliiz* [US]) (Pouvez-vous me dessiner une carte s'il vous plaît ?)

CULTURE

La plupart des Américains étant très heureux de donner des indications pour aider un visiteur étranger, ne craignez pas de les déranger. Cherchez seulement quelqu'un qui n'ait pas l'air très pressé – et qui ne semble pas être un touriste lui ausi. (Bonne chance à San Francisco et à New York !)

Les verbes de direction : follow, take et turn

AUDIO

On utilise habituellement certains verbes pour indiquer un chemin. Les verbes de « direction » suivants peuvent vraiment **take you places** (*téïk iou pléï-siz*) (vous conduire à plein d'endroits) :

- **To follow** (*tou fo-leou* [UK], *tou fo-lôô* [US]) (suivre)
- **To turn** (*tou teen*) (tourner)
- **To take** (*tou téïk*) (prendre)

GRAMMAIRE

Follow et **turn** sont des verbes *réguliers* (qui se terminent en **-ed** au passé). Cependant, **take** est un verbe *irrégulier*, avec **took** et **taken** comme formes du passé. Allez au chapitre 2 pour plus d'informations sur les verbes irréguliers.

Utilisation du verbe « to follow »

Follow peut avoir deux sens quand vous parlez de chemin à suivre. Une signification est de suivre quelqu'un. Par exemple vous pouvez entendre **Follow me. I'll show you where it is.** (*fo-leou mi aïl cheou iou ouèe it iz* [UK], *fo-lôô mi aïl chôô iou h'ouèe it iz* [US]) (Suivez-moi. Je vais vous montrer où c'est.)

Une autre signification est de poursuivre dans une direction particulière comme dans :

- **Follow this road for a few miles.** (*fo-leou dis reoud foe e fiou maïlz* [UK], *fo-lôô dis rôôd foe e fiou maïlz* [US]) (Suivez cette route pendant quelques miles.)

» **This road follows the coast.** (*dis reoud fo-leouz de keoust* [UK], *dis rôôd fo-lôôz de côôst* [US]) (Cette route suit la côte.)

Empruntez le verbe « to take »

Si une personne vous donne des indications au moyen du mot **take**, ce peut être pour vous suggérer de voyager sur une route spécifique ou vous dire le chemin qu'il prend habituellement. Les exemples suivants illustrent ces deux usages du mot **take** :

» **Take this road for two blocks.** (*téïk dis reoud foe touou blocs* [UK], *téïk dis rôôd foe touou blâcs* [US]) (Prenez cette route jusqu'au deuxième croisement.)

» **I usually take highway 80 to Salt Lake City.** (*aï iou-joue-li téïk h'aï-ouèï éï-ti tou sôlt léïk si-ti* [UK], *aï iou-joue-li téïk h'aï-ouèï éï-ti tou sâlt léïk si-ti* [US]) (Je prends d'habitude la route 80 jusqu'à Salt Lake City.)

Utilisation du verbe « to turn »

Turn right (*teen raït*) (tourner à droite), **turn left** (*teen lèft*) (tourner à gauche) ou **turn around** (*teen e-raound*) (faire demi-tour) – Aller autrement que tout droit ! Quand vous tournez, vous changez de direction, et quand vous **turn around** (*teen e-raound*) (faites demi-tour) vous retournez dans la direction d'où vous venez (mais ne le faites pas sur l'autoroute !).

Parfois, une rue peut **turn into** (*teen in-touou*) (devenir) une autre rue, ce qui veut dire en fait que la rue change de nom. En pareil cas, **turn into** équivaut à **becomes** (*bi-caemz* [UK], *bi-kemz* [US]) (devient).

Voici quelques exemples d'utilisation de **turn** :

- **Turn right at First Street.** (*teen raït at feest striit*) (Tournez à droite à rue Première.)
- **Mission Street turns into Water Street after the light.** (*mi-chen striit teenz in-tou ouôô-te striit ââf-te de laït* [UK], *mi-chen striit teenz in-tou ouââ-te striit aaf-te de laït* [US]) (La rue Mission devient rue de l'Eau après le feu.)
- **She went the wrong way, so she turned around.** (*chii ouènt de rogn ouaï seou chii teen'd e-raound* [UK], *chii ouènt de rogn ouaï sôô chii teen'd e-raound* [US]) (Elle s'est trompée de chemin et donc elle a fait demi-tour.)

CULTURE

Aux États-Unis, les **pedestrians** (*pi-dès-tri-enz*) (piétons) ont la priorité – techniquement. Ne soyez donc pas surpris si des conducteurs s'arrêtent et attendent que vous traversiez la rue. Mais ne supposez pas qu'ils s'arrêteront – certains ne le font pas. Les voitures roulant sur le **right-hand side** (*raït h'and saïd*) (côté droit) de la route, vous devez regarder vers la gauche pour voir le **oncoming traffic** (*on-cae-mign tra-fic* [UK], *on-ke-min tra-fic* [US]) (trafic approchant) le plus proche de vous. Si en revanche vous êtes en Grande-Bretagne, où les voitures roulent sur le **left-hand side** (*lèft h'and saïd*) (côté gauche) vous devez regarder vers la droite.

Mots clés

pedestrian	*pi-dès-tri-en*	piéton
pedestrian crossing [UK], crosswalk [US]	*pi-dès-tri-en cro-sign* [UK], *cros-ouââk* [US]	passage pour piétons
traffic	*tra-fic*	trafic
highway	*h'aï-ouèï*	grande route/autoroute
to turn	*tou teen*	tourner
to take	*tou téïk*	prendre
to follow	*tou fo-leou* [UK], *tou fo-lôô* [US]	suivre

Mieux encore, suivez les conseils de ma mère : regardez des deux côtés avant de traverser la rue, restez dans le **pedestrian crossing** [UK], **crosswalk** [US] (*pi-dès-tri-en cro-sign* [UK], *cros-ouââk* [US]) (passage pour piétons) et traversez en ayant le feu vert !

Aller au nord – ou au sud ?

Certaines personnes ont un excellent sens de l'orientation. Elles savent toujours où est le **north** (*noodz*) (nord), le **south** (*saoudz*) (sud), le **east** (*iist*) (est) et le **west** (*ouèst*) (ouest). Ma grand-mère était ainsi, et pour indiquer un chemin, elle disait **go west on** cette rue-ci et **turn south on** cette rue-là. Eh bien ! J'ai grandi sur la côte de Californie, où **going west** (*go-ign ouèst*) (aller à l'ouest) vous met dans l'océan Pacifique ! Et où **going south** (*go-ign saoudz*) (aller au sud) est le fait des oiseaux migrateurs en hiver. J'avais besoin d'une boussole pour suivre les indications données par ma grand-mère !

Bien que tout le monde sache que le soleil se lève à l'est et se couche à l'ouest, vous pouvez toujours être **turned around** (*teen'd e-raound*) (désorienté) quand vous êtes dans un nouvel environnement. Et donc si quelqu'un qui vous indique un chemin dit **go east** et si vous n'êtes pas sûr de la direction à prendre, demandez simplement :

- **Do you mean left?** (*dou iou miin lèft*) (Voulez-vous dire à gauche ?)
- **Do you mean right?** (*dou iou miin raït*) (Voulez-vous dire à droite ?)
- **Is that right or left?** (*iz dat raït oe lèft*) (Est-ce à droite ou à gauche ?)

Chapitre 6

L'argent, l'argent, l'argent

DANS CE CHAPITRE :

- **Monnaies américaine et britannique**
- **Changer de l'argent**
- **Automates bancaires**
- **Cartes de crédit**

On dit que l'argent ne fait pas le bonheur. C'est probablement vrai, mais vous avez quand même besoin d'argent pour payer des choses essentielles. Et quand vous voyagez loin de chez vous, vous aurez moins de soucis (et vous vous amuserez davantage !) si vous savez comment vous procurer et utiliser la devise appropriée. Ce chapitre vous apporte le vocabulaire et les informations nécessaires pour comprendre la monnaie britannique et la monnaie des États-Unis, accéder à vos comptes bancaires et satisfaire vos besoins financiers les plus élémentaires quand vous êtes loin de chez vous.

Dollars et cents

La devise américaine se décompose en **dollars** (*<u>dô</u>-lez* [UK], *<u>dâ</u>-lez* [US]) (dollars) de papier et en **cents** (*sènts*) (cents) sous forme de pièces. Toute la monnaie papier américaine a le même aspect – elle est verte ! Les billets ont tous la même taille, et sur tous figurent des présidents américains. Mais bien sûr ils n'ont pas tous le même montant. Les **bills** (*bilz*) (billets de banque) américains comportent les dénominations suivantes :

- **ones** (*ouaenz* [UK], *ouenz* [US]) (un)
- **fives** (*faïvz*) (cinq)
- **tens** (*tènz*) (dix)
- **twenties** (*touèn-tiz*) (vingt)
- **fifties** (*fif-tiz*) (cinquante)
- **one hundred** (*ouaen h'aen-dred* [UK], *ouen h'en-dred* [US]) (cent)
- **five hundred** (*faïv h'aen-dred* [UK], *faïv h'en-dred* [US]) (cinq cents)

CULTURE

Si quelqu'un dit **It costs five bucks** (*it costs faïv baecs* [UK], *it câsts faïv beks* [US]) (Ça coûte cinq bucks), il ne parle pas d'un cerf mâle (aussi appelé **a buck**) ; il parle de dollars ! **A buck** (*e baek* [UK], *e bek* [US]) (un dollar) est le terme populaire pour un dollar. Une autre expression populaire est **that green stuff** (*dat griin staef* [UK], *dat griin stef* [US]) (cette chose verte) – pour se référer de façon générale à l'argent sous forme de billets. Si vous voulez utiliser cette expression, n'oubliez pas le mot **that**.

Les différents **coins** (*coïnz*) (pièces) représentent des **cents** (¢). Cent cents équivalent à un dollar. La liste suivante vous donne une idée générale des noms des pièces et de leur valeur.

- **penny** (*pè-ni*) (penny) 1¢
- **nickel** (*ni-kel*) (cinq cents) 5¢

- **dime** (*daïm*) (dix cents) 10¢
- **quarter** (*kouôô-te* [UK], *kouââ-te* [US]) (vingt-cinq cents) 25¢

Voici une autre façon d'écrire des cents : **$.05** pour **5 cents**, **$.10** pour **10 cents**, etc. On écrit les montants en dollars comme suit : **$10** ou **$10.00**. Utilisez un **decimal point** (*dè-si-mel poïnt*) (point décimal), non une virgule, pour indiquer les cents.

GRAMMAIRE

Quand vous dites **This is ten dollars** (*dis iz tèn do-lez* [UK], *dis iz tèn dâ-lez* [US]) (c'est dix dollars), le mot **dollars** est un nom au pluriel, et donc il se termine par s. Mais quand vous dites **This is a ten-dollar bill** (*dis iz e tèn do-le bil* [UK], *dis iz e tèn dâ-le bil* [US]) (C'est un billet de dix dollars), où est passé le s du mot **dollar** ? La réponse est simple. Dans la seconde phrase, **dollar** n'est pas un substantif, mais un adjectif décrivant le mot **bill**. En anglais, les adjectifs n'ont pas de terminaison indiquant le pluriel même s'ils portent sur des noms au pluriel. (Vous trouverez plus d'informations sur les noms et les adjectifs au chapitre 2.)

Pounds et pence

Pour **pay cash** (*pèï cach*) (payer en liquide), les Britanniques utilisent, à la différence des Américains, des **bank notes** (*bank neouts*) (billets de banque) et éventuellement des **coins** (*coïnz*) (pièces), mais non des **bills**. Pour eux, le mot **bills** se réfère à des factures, non à l'un des moyens servant à les régler.

Et depuis la décimalisation de leur **currency** (*cae-ren-si*) (monnaie), les Britanniques décomposent directement les **pounds** (*paoundz*) (livres) en **pence** (*pèns*) (pence, pluriel de **penny**), sans passer par le stade intermédiaire des **shillings** (*chi-lignz*) (shillings). Désormais, **one pound is worth 100 pence** (*ouaen paound iz oueedz ouaen h'aen-dred pèns* [UK], *ouen paound iz oueedz ouen h'en-dred pèns* [US]) (une livre vaut cent pence), ce qui simplifie les calculs.

Si les anglophones n'ont pas tous la même monnaie et des mots un peu différents pour parler d'argent, ils représentent en revanche les montants en argent selon les mêmes conventions : le **currency sign** (*cae-ren-si saïgn*) (signe monétaire) précède immédiatement le montant, lequel comporte s'il y a lieu un **decimal point** (*dè-si-mel poïnt*) (point décimal) et non une virgule :

Mots clés

pound	*paound*	livre
dollar	*do-le* [UK], *dâ-le* [US]	dollar
note [UK]	*neout*	billet (de banque)
bill [US]	*bil*	billet (de banque)
paper money	*péï-pe mae-ni* [UK], *péï-pe me-ni* [US]	billets
pence	*pèns*	pence
cents	*sènts*	cents
coin	*coïnz*	pièces
denomination	*di-no-mi-néï-chen* [UK], *di-nâ-mi-néï-chen* [US]	dénomination

- **A ten-pound note** (*e tèn paound neout* [UK], *e tèn paound nôôt* [US]) (un billet de dix livres).
- **The price is £12.52** (*de praïs iz touèlv paoundz fif-ti tou* ou *de praïs iz touèlv paounds and fif-ti tou pèns*) (le prix est 12,52 livres).
- **Her flight from Dublin to Nice cost her only €25.00.** (*h'ee flaït from dae-blin tou niis cost h'ee on-li touèn-ti faïv iou-reouz* [UK], *h'ee flaït from de-blin tou niis câst h'ee on-li touèn-ti faïv iou-rôôz* [US]) (Son vol de Dublin à Nice ne lui a coûté que 25 euros.)

Changer de l'argent

AUDIO

S'il vous est possible d'utiliser des **euros** (*iou-reouz* [UK], *iou-rôôz* [US]) (euros) sans restriction en Irlande et aussi pour régler certains achats en Grande-Bretagne, vous devez obligatoirement payer en **US currency** (*iou ès cae-ren-si* [UK], *iou ès ke-ren-si* [US]) (devise US) ce que vous achetez aux États-Unis. Il vous faut donc savoir où vous pouvez changer de l'argent et comment réaliser la **transaction** (*tren-zac-chen*) (transaction).

Dans les grandes villes, vous pouvez changer de l'argent dans les bureaux de change et les grands hôtels. Vous pouvez aussi changer de l'argent dans les aéroports et les banques, bien que toutes les banques n'acceptent pas les devises étrangères. Voici les expressions qui vous aideront à réaliser l'opération :

- **Where can I exchange money?** (*ouèe can aï ix-tchéïnj mae-ni* [UK], *h'ouèe can aï ix-tchéïnj me-ni* [US]) (Où puis-je changer de l'argent ?)

- **Where can I find a bank?** (*ouèe can aï faïnd e bank* [UK], *h'ouèe can aï faïnd e bank* [US]) (Où puis-je trouver une banque ?)
- **Do you change foreign currency here?** (*dou iou tchéïnj fo-rign cae-ren-si h'ie* [UK], *dou iou tchéïnj fâ-rign ke-ren-si h'ie* [US]) (Changez-vous des devises étrangères ici ?)

Vous voudrez aussi connaître le **exchange rate** (*ix-tchéïnj réït*) (taux de change) et apprendre si vous devez en outre payer une commission. Vous pourrez ensuite réaliser la transaction au moyen des phrases suivantes :

- **What is the exchange rate today?** (*ouot iz di ix-tchéïnj réït tou-dèï* [UK], *h'ouât iz di ix-tchéïnj réït tou-dèï* [US]) (Quel est le taux de change aujourd'hui ?)
- **Do you charge a fee?** (*dou iou tchâârj e fii*) (Prenez-vous une commission ?)
- **I'd like to exchange money, please.** (*aïd laïk tou ix-tchéïnj mae-ni pliiz* [UK], *aïd laïk tou ix-tchéïnj me-ni pliiz* [US]) (Je voudrais changer de l'argent s'il vous plaît.)

Mots clés

to exchange	*tou ix-tchéïnj*	changer
exchange rate	*ix-tchéïnj réït*	taux de change
currency	*cae-ren-si* [UK], *ke-ren-si* [US]	devise
fee	*fii*	commission

À la banque

Quand vous entrez dans une banque, vous trouvez généralement une zone délimitée par une corde où les gens font la queue pour aborder le prochain **teller** (*tè-le*) (guichetier) disponible. Quand ce sera votre tour, il dira :

- **Next!** (*nèxt*) (Suivant !)
- **May I help you?** (*mèï aï h'èlp iou*) (Que puis-je faire pour vous ?)

Ensuite avancez et expliquez ce dont vous avez besoin. Les phrases suivantes doivent permettre de satisfaire la plupart de vos besoins bancaires, à part le change, évoqué dans la section précédente.

- **I'd like to change some traveller's cheques** [UK]/ **traveler's checks** [US]. (*aïd laïk tou tchéïnj saem tra-v'lez tchèks* [UK], *aïd laïk tou tchéïnj sem tra-v'lez tchèks* [US]) (Je voudrais changer des chèques de voyage.)
- **I need to cash a cheque** [UK]/**check** [US]. (*aï niid tou cach e tchèk*) (J'ai besoin d'encaisser un chèque.)
- **I want to make a deposit.** (*aï ouâânt tou méïk e di-po-zit* [UK], *aï ouâânt tou méïk e di-pâ-zit* [US]) (Je veux faire un dépôt.)
- **I'd like to open an account.** (*aïd laïk tou eou-pen en e-caount* [UK], *aïd laïk tou ôô-pen en e-caount* [US]) (Je voudrais ouvrir un compte.)

Mots clés

cash a cheque [UK] /a check [US]	*cach e tchèk*	encaisser un chèque
open an account	*eou-pen en e-caount* [UK], *ôô-pen en e-caount* [US]	ouvrir un compte
make a deposit	*méïk e di-po-zit* [UK], *méïk e di-pâ-zit* [US]	faire un dépôt
teller	*tè-le*	guichetier
traveller's cheques [UK], traveler's checks [US]	*tra-vlez tchèks*	chèques de voyage

À RETENIR

N'oubliez pas de compter votre argent et de vérifier votre **receipt** (*ri-siit*) (reçu) avant de quitter la banque pour vous assurer que vous avez le bon montant en dollars. Et conservez tous vos reçus de la banque pour pouvoir les vérifier avec votre compte en rentrant chez vous.

Automates bancaires

Les **Automated Teller Machines** (*o-te-méï-ted tè-le me-chiinz* [UK], *â-te-méï-ted tè-le me-chiinz* [US]) (Guichets automatiques de banque) ou **ATMs** (*éï-ti-èmz*) (GAB) se trouvent désormais un peu partout dans le monde, et en tout cas dans tous les pays anglophones. Aux États-Unis, ces appareils sont installés dans les lieux les plus divers, jusque dans certains théâtres. En utilisant des **ATMs** avec votre **credit card** (*cri-dit cââd*) (carte de crédit) ou votre **bank card** (*bank cââd*) (carte bancaire) vous accédez de la manière la plus simple à votre argent et vous le dépensez tout aussi simplement !

Voici une liste pas à pas de ce que vous pouvez voir sur l'écran de l'appareil et la façon d'interpréter ce que vous voyez. (Note : les termes utilisés peuvent varier, mais cette liste vous donne une idée générele de ce que vous pouvez rencontrer.)

1. **Please insert your card.** (*pliiz in-seet ioue cââd*) (Veuillez insérer votre carte.)

   À ce stade, vous pouvez avoir la possibilité de choisir une autre langue, si l'appareil est bilingue.

2. **Enter your PIN (or secret code) and then press Enter.** (*èn-te ioue pin oe sii-cret keoud and dèn près èn-tee* [UK], *èn-te ioue pin oe sii-cret côôd and dèn près èn-tee* [US]) (Entrez votre PIN (ou code secret) puis appuyez sur Enter.)

3. **Choose the type of transaction that you want to make.** (*tchouz de taïp ev tran-sac-chen dat iou ouâânt tou méïk*) (Choisissez le type de transaction que vous voulez faire.) Par exemple :

   - **Withdraw cash** (*ouid-drôô cach* [UK], *ouid-drââ cach* [US]) (Retirer de l'argent)
   - **Deposit** (*di-po zit* [UK], *di-pâ-zit* [US]) (dépôt)
   - **Account balance** (*e-caount ba-lens*) (Solde du compte)
   - **Transfer/Electronic payment** (*trans-fee i-lèk-tro-nic pèï-ment* [UK], *trans-fee i-lèk-trâ-nic pèï-ment* [US]) (Virement/règlement électronique)

   Si vous choisissez de retirer de l'argent, il vous sera ensuite demandé de préciser sur quel compte vous voulez faire le retrait : **checking account** (*tchè-kign* *e-caount*) (Compte chèque), **savings account** (*séï-vignz e-caount*) (Compte épargne), ou **credit card** (*cri-dit cââd*) (carte de crédit).

Quand vous avez fait votre choix, vous devez choisir parmi différents montants de retrait, échelonnés par exemple entre **$20** et **$300** ou taper le montant désiré.

Faites attention si vous tapez un montant en livres et pences ou en dollars et cents. Si vous voulez **$200** ne tapez pas seulement 200, car le montant apparaissant sur l'écran serait **$2.00**, soit 2 dollars !

4. Après avoir choisi ou tapé un montant, vous voyez apparaître successivement les commandes suivantes :

   You entered $200.00. Is that correct? Yes or No? (*iou èn-teed tou h'aen-dred do-leez iz dat ke-rèct iès oe neou* [UK], *iou èn-teed tou h'en-dred dâ-leez iz dat ke-rèct iès oe nôô* [US]) (Vous avez demandé 200 dollars. Est-ce correct ? Oui ou Non ?)

   Your request is being processed. (*ioue ri-kouèst iz bi-ign preou-sèsd* [UK], *ioue ri-kouèst iz bi-ign prôô-sèsd* [US]) (Votre demande est en cours de traitement.)

Mots clés

to choose	*tou tchouz*	choisir
to enter	*tou èn-tee*	entrer
to remove	*tou ri-mouv*	retirer
to press	*tou près*	appuyer
to withdraw	*tou ouid-drôô* [UK], *tou ouid-drââ* [US]	retirer
card	*câââd*	carte
cash	*cach*	espèces
checking	*tchè-kign*	chèque (compte)
savings	*séï-vignz*	épargne
balance	*ba-lens*	solde

Please remove your cash. (*pliiz ri-mouv ioue cash*) (S'il vous plaît retirez votre argent.)

Would you like another transaction? Yes or No? (*woud iou laïk e-nae-de tran-zac-chen* [UK], *woud iou laïk e-ne-de tran-zac-chen* [US]) (Voulez-vous faire une autre opération ?)

Please remove your card and receipt. (*pliiz ri-mouv ioue câââd and ri-siit*) (S'il vous plaît retirez votre carte et prenez votre reçu.)

Utilisation des cartes de crédit

AUDIO

Les cartes de crédit ou de débit peuvent grandement vous faciliter la vie – et les voyages ! Elles vous donnent un accès instantané à toutes sortes de produits et de services, ainsi qu'à votre argent. Mais les cartes de paiement ne sont pas acceptées partout, et certains commerçants n'acceptent que des cartes bien précises.

Et vous pouvez sans doute laisser vos chéquiers chez vous, les chèques tirés sur des banques étrangères étant rarement acceptés en paiement.

Deux prépositions pour payer : by et with

Quand le vendeur ou le caissier vous demande comment vous voulez payer, répondez par la préposition **by** (*baï*) (par) ou par la préposition **with** (*ouid*) (avec). Ces prépositions connectent le mot **pay** (*pèï*) (payer) avec la forme de paiement. Voici des exemples :

- **I'll pay by cheque** [UK]/**check** [US]. (*aïl pèï baï tchèk*) (Je paierai par chèque.)
- **... by credit card.** (*baï cri-dit cââd*) (... par carte de crédit.)
- **I'll pay with a cheque** [UK]/**check** [US]. (*aïl péï ouid e tchèk*) (Je paierai avec un chèque.)
- **... with a credit card.** (*ouid e cri-dit cââd*) (... avec une carte de crédit.)
- **... with cash.** (*ouid cach*) (... en espèces.)

Note : Vous pouvez dire aussi **I'll pay in cash** (*aïl pèï in cach*) (Je paierai en espèces), mais non **by cash** (*baï cach*) (par espèces).

GRAMMAIRE

Avez-vous remarqué l'article **a** faisant suite à **with** ? Utilisez un article quand le nom qui suit est un nom d'entité dénombrable (ce qui veut dire qu'on peut le mettre au pluriel). Le mot **cash** est un nom d'entité non dénombrable (ce qui veut dire qu'il n'en existe pas de forme au pluriel), de sorte qu'il n'a pas besoin d'article.

Deux verbes qui paient : to accept et to take

Accept (*e-ksèpt*) (accepter) et **take** (*téïk*) (prendre) sont deux verbes utilisés pour décrire la forme de paiement admise par un commerce. **Accept** est un verbe régulier, et **take** est irrégulier. Dans les exemples suivants d'expressions courantes, remarquez la façon d'utiliser **accept** et **take** :

» **Do you accept Visa?** (*dou iou e-ksèpt vi-ze*) (Acceptez-vous Visa ?)

» **We take major credit cards.** (*oui téïk méï-djee cri-dit cââdz*) (Nous prenons les principales cartes de crédit.)

» **We accept all forms of payment.** (*oui e-ksèpt ôôl foomz ev péï-ment* [UK], *oui e-ksèpt ââl foomz ev péï-ment* [US]) (Nous acceptons toutes les formes de paiement.)

Chapitre 7

Séjourner à l'hôtel

DANS CE CHAPITRE :

- **Choisir un hôtel ou un motel**
- **Réserver une chambre**
- **Indiquer des dates**
- **Enregistrement à l'arrivée et au départ**
- **Pronoms possessifs et adjectifs**

Parfois, le meilleur moment de l'arrivée dans un lieu inconnu est celui où l'on se présente à l'hôtel et où l'on dépose ses bagages. Que vous préfériez la sécurité d'avoir organisé à l'avance votre séjour ou trouver directement votre logement en arrivant, vous serez plus à l'aise si vous connaissez déjà certains mots et expressions de base. (Bien sûr, vous pouvez emporter ce livre avec vous et le consulter en cas de besoin.)

Dans ce chapitre, vous apprenez comment trouver et réserver une chambre, parler au personnel d'un hôtel ou d'un motel, et comprendre les services fournis par les hôtels. Vous y verrez aussi des informations sur les pronoms et les adjectifs possessifs.

Choisir entre un hôtel ou un motel aux États-Unis

Aussi bien dans un hôtel que dans un motel, vous pouvez bénéficier d'une chambre confortable avec une salle de bains, d'un service agréable et souvent d'une piscine. La principale différence entre les hôtels et les motels est la gamme des services et des aménagements offerts – et bien sûr le prix.

Les hôtels sont plus chers parce qu'ils sont **full-service** (*foul see-vis*) (service complet), ce qui veut dire qu'ils comportent en général un restaurant et un bar, un service de valet et de concierge, des moyens informatiques, et souvent un bureau ou centre d'affaires où vous pouvez faire des copies et envoyer des fax.

BED AND BREAKFAST

Si vous recherchez une manière différente de vous loger, vous pouvez décider de séjourner dans un **bed-and-breakfast** (*bèd and brèk-fest*) (chambre d'hôte) ou **B&B** (*bii and bii*). Ce type de logement se trouve parfois dans une ancienne ferme ou une ancienne demeure, magnifiquement restaurées, et le petit-déjeuner est fourni inclus dans le prix. Mais n'oubliez pas que les **B&Bs**, surtout aux États-Unis, sont assez coûteux, et que vous pouvez avoir à partager la salle de bains avec d'autres visiteurs. En outre, s'agissant des États-Unis, le type et l'ampleur du petit-déjeuner peut varier considérablement. Certains de ces **B&Bs** offrent un petit-déjeuner de style britannique, extrêmement copieux et varié, d'autres offrent seulement quelques pâtisseries, du jus de fruits, du thé et du café, un peu comme ce que les Britanniques appellent **continental breakfast** (*ken-ti-nen-tel brèk-fest*). Les **B&Bs** sont souvent parfaits pour des séjours romantiques, mais peuvent être moins bien adaptés aux besoins de familles avec des enfants.

Où que vous séjourniez – du motel le plus élémentaire jusqu'au **five-star hotel** (*faïv star h'eou-tèl* [UK], *faïv star hôô-tèl* [US]) (hôtel cinq étoiles), les options en matière de chambre et les prix peuvent varier considérablement. Et donc, avant votre décision finale, vérifiez les prix en posant les questions suivantes :

» **What is the price range of your rooms?** (*ouot iz de praïz réïnj ev ioue rououmz* [UK], *h'ouât iz de praïs réïnj ev ioue rououmz* [US]) (Quelle est la gamme de prix des chambres ?)

» **What type of accommodations do you have?** (*ouot taïp ev e-co-mo-déï-chenz dou iou h'av* [UK], *h'ouât taïp ev e-co-mo-déï-chenz dou iou h'av* [US]) (Quel type de chambre avez-vous ?)

Si les prix sont supérieurs à ce que vous voulez payer, vous pouvez demander **Do you have anything less expensive?** (*dou iou h'av é-ni-dzign lès ix-pèn-siv*) (Avez-vous quelque chose de moins cher ?)

Faire une réservation

AUDIO

Si vous voulez être sûr d'avoir un endroit pour dormir la nuit (et la plupart des gens le veulent après un long voyage), vous devez réserver une chambre à l'avance. La plupart des hôtels et motels, aux États-Unis, ont des **toll-free numbers** (*teoul frii naem-bez* [UK], *tôôl frii nem-bez* [US]) (numéros d'appel gratuits) – habituellement des numéros 1-800 – que vous pouvez appeler à l'avance pour réserver une chambre.

Les expressions suivantes vous aideront à entamer le processus de réservation :

- **I'd like to make a reservation for June 15.** (*aïd laïk tou méïk e ri-se-véï-chen foe djioun fif-tiin* [UK], *aïd laïk tou méïk e ri-se-véï-chen foe djoun fif-tiin* [US]) (Je voudrais faire une réservation pour le 15 juin.)
- **Do you have any vacancies for the night of July 8?** (*dou iou h'av é-ni véï-ken-siz foe de naït of djiou-laï éït* [UK], *dou iou h'av é-ni véï-ken-siz foe de naït of djou-laï éït* [US]) (Avez-vous des chambres disponibles pour la nuit du 8 juillet ?
- **I'd like to reserve a room for two people for August 22.** (*aïd laïk tou ri-seev e rououm foe touou pii-pel foe ôô-guest touèn-ti tou* [UK], *aïd laïk tou ri-seev e rououm foe touou pii-pel foe ââ-guest touèn-ti tou* [US]) (Je voudrais réserver une chambre pour deux personnes pour le 22 août.)

Voyez la section « Exprimer la date par des nombres ordinaux », plus loin dans ce chapitre, pour voir comment indiquer les dates.

Pour finaliser votre réservation, l'hôtel a encore besoin des informations suivantes :

- **arrival date** (*e-raï-vel déït*) (date d'arrivée)
- **departure date** (*di-pââ-tche déït*) (date de départ)
- **number of people staying in the room** (*naem-be ev pii-pel stéï-ign in de rououm* [UK], *nem-be ev pii-pel stéï-ign in de rououm* [US]) (nombre de personnes occupant la chambre)
- **credit card number** (*cri-dit cââd naem-be* [UK], *cri-dit cââd nem-be* [US]) (numéro de carte de crédit)
- **special needs** (*spè-chel niidz*) (besoins particuliers) tels que lit de petit enfant, accessibilité par chaise roulante et régime alimentaire.

Si vous attendez d'arriver à votre destination pour rechercher un endroit où dormir, vous pouvez demander aux gens du pays de vous recommander un hôtel ou un motel, aller à un centre d'informations ou simplement regarder autour de vous. Si vous voyez un signe disant **vacancy** (*véï-ken-si*) (places disponibles), des chambres sont disponibles. Mais un signe **no vacancy** (*neou véï-ken-si* [UK], *nôô véï-ken-si* [US]) (pas de place) veut dire que l'hôtel ou le motel est **full or booked** (*foul oe bouk'd*) (plein ou entièrement réservé). Si vous ne voyez pas de signe, entrez et posez la question : **Do you have any vacancies?** (*dou iou h'av é-ni véï-ken-siz*) (Avez-vous de la place ?)

S'il y en a, vous pouvez demander le prix en posant une question de la section précédente. S'il n'y en a pas, demandez à l'employé de la réception de vous recommander un autre hôtel ou motel. Voici comment faire :

- **Could you recommend another hotel/motel?** (*coud iou rè-ke-mènd e-nae-de h'eou-tèl meou-tèl* [UK], *coud iou rè-ke-mènd e-ne-de h'ôô-tèl môô-tèl* [US]) (Pouvez-vous recommander un autre hôtel/motel ?)
- **Do you know where I can find a vacancy?** (*dou iou neou ouèe aï can faïnd e véï-ken-si* [UK], *dou iou nôô h'ouèe aï can faïnd e véï-ken-si* [US]) (Savez-vous où je peux trouver de la place ?)

Exprimer la date par des nombres ordinaux

Imaginez que vous arriviez à votre hôtel après un long voyage pour découvrir que vous avez une réservation – mais pour le mois suivant ! Vous pouvez augmenter vos chances de trouver une chambre en arrivant en indiquant votre date d'arrivée très clairement et très exactement lors de la réservation. En anglais, les dates sont écrites dans cet ordre : **month/day/year** (*maendz dèï i-ee* [UK], *mendz dèï i-ee* [US]) (mois/jour/année).

Par exemple, la date 3/1/2004 est le 1er mars 2004, non le 3 janvier 2004. En parlant, vous pouvez exprimer la date de l'une des façons suivantes :

- **March first, two thousand and four** (*mââtch feest touou dzaou-zend and foe*) (Premier mars 2004)
- **The first of March, two thousand four** (*de feest ev mââtch touou dzaou-zend and foe*) (Le premier mars 2004)

Cela peut prendre un peu de temps pour s'habituer à voir et à écrire le mois en premier, mais vous y penserez chaque fois que vous verrez une date telle que 5/15/01. Bien sûr, il n'y a pas de 15e mois !

Pour exprimer une date telle que 3/1/2001, vous utilisez des nombres ordinaux – des nombres comme premier, second, troisième, etc. qui indiquent un ordre ou une séquence. Voici des règles simples sur la façon de dire les nombres ordinaux en anglais :

- Pour les nombres se terminant par 1 (sauf 11) dites **first**.
- Pour les nombres se terminant par 2 (sauf douze) dites **second**.
- Pour les nombres se terminant par trois, dites **third**.
- Pour 11, 12, 13, et tous les autres nombres, ajoutez la terminaison **-th**.

Pour plus de précision sur les nombres ordinaux consultez le tableau 7-1, qui contient les nombres ordinaux les plus courants utilisés dans les dates.

TABLEAU 7.1 Nombres ordinaux

Nombre ordinal	Prononciation	Traduction
first (1st)	*feest*	premier
second (2nd)	*sè-kend*	second
third (3rd)	*dzeed*	troisième
fourth (4th)	*fôôdz*	quatrième
fifth (5th)	*fifdz*	cinquième
sixth (6th)	*sixdz*	sixième
seventh (7th)	*sè-vendz*	septième
eighth (8th)	*éït*	huitième
ninth (9th)	*naïndz*	neuvième
tenth (10th)	*tèndz*	dixième
eleventh (11th)	*i-lè-vendz*	onzième
twelfth (12th)	*touèlvdz*	douzième
thirteenth (13th)	*deer-tiindz*	treizième
fourteenth (14th)	*foue-tiindz*	quatorzième
fifteenth (15th)	*fif-tiindz*	quinzième
sixteenth (16th)	*six tiindz*	seizième
seventeenth (17th)	*sè-ven-tiindz*	dix-septième
eighteenth (18th)	*éï-tiindz*	dix-huitième
nineteenth (19th)	*naïn-tiindz*	dix-neuvième
twentieth (20th)	*touèn-ti-edz*	vingtième
twenty-first (21st)	*touèn-ti feest*	vingt et unième
thirtieth (30th)	*dee-ti-edz*	trentième
one-hundredth (100th)	*ouaen h'aen-dreddz [UK], ouen h'en-dreddz [US]*	centième

CULTURE

Les anglophones utilisent les termes **ma'am** (*ma-am*) (Madame) et **sir** (*see*) (Monsieur) comme termes de respect. Vous entendrez ces mots dans des commerces orientés service. Le terme **Miss** (*mis*) (Mademoiselle) est souvent utilisé en s'adressant à une jeune fille ou une jeune femme.

Mots clés

hotel	*h'eou-tèl* [UK], *hôô-tèl* [US]	hôtel
motel	*meou-tèl* [UK], *môô-tèl* [US]	motel
room	*rououm*	chambre
bed-and-breakfast	*bèd and brèk-fest*	chambre d'hôte
price range	*praïs réïndj*	gamme de prix
accommodations	*ac-co-mo-déï-chenz*	logement et services

Enregistrement

L'heure de **check-in** (*tchèk-in*) (enregistrement) dans la plupart des hôtels et motels est aux alentours de **2 or 3 p.m.** (*tou oe dzrii pi èm*) (14 ou 15 heures). Bien sûr, vous pouvez vous enregistrer à n'importe quelle heure, mais il n'est pas garanti que votre chambre soit prête jusqu'à l'heure de **check-in** spécifiée.

LITS POUR REINES ET ROIS

Quels que soient votre taille, vos besoins ou préférences, il y a un lit pour vous. Le petit lit d'une personne s'appelle un **twin** (*touin*) (petit lit d'une personne), si vous doublez sa taille vous obtenez un **double** (*dae-bel* [UK], *de-bel* [US]) (lit double) ; encore plus grand, et c'est un **queen** (*kouiin*) (reine/grande taille), et s'il est encore plus grand et plus long c'est un **king** (*kign*) (roi/très grande taille). Ces appellations s'utilisent aussi bien aux États-Unis que dans les îles Britanniques, mais la plupart des chambres des hôtels et motels d'Amérique du Nord, où tout est plus grand, ont **two queen-sized beds** (*tou kouiin-saïzd bèds*) (grands lits). Mais vous pouvez obtenir d'autres options ou combinaisons de lits dans une pièce. Faites l'expérience d'un **king-sized bed** (*kign-saïzd bèd*) (très grand lit), il est immense !

Le **reception counter** [UK] (*ri-sèp-chen caoun-te*)/ **front desk** [US] (*front dèsk* [UK], *frânt dèsk* [US]) (la réception) est en général l'endroit approprié pour trouver des informations sur la région, y compris des cartes, des brochures sur les restaurants, les musées et d'autres lieux intéressants. Le personnel des hôtels est en général soucieux de répondre à vos questions et de faire des suggestions. Ce sont ces personnes que vous devez appeler si vous découvrez que vous avez besoin de quelque chose – **extra towels** (*ix-tra taouelz*) (des serviettes supplémentaires), **a hair dryer** (*e h'èe draïe*) (un sèche-cheveux), **an iron** (*an aïen*) (un fer à repasser), etc.

Mots clés

reservation	*ri-se-véï-chen*	réservation
arrival	*e-raï-vel*	arrivée
vacancy	*véï-ken-si*	place
a room	*e rououm*	une chambre
queen-size bed	*kouiin-saïz bèd*	grand lit
king-size bed	*kign-saïz bèd*	très grand lit

Possession

GRAMMAIRE

Il ne faut pas être possessif en matière amoureuse, mais quand vous parlez anglais, être possessif (c'est-à-dire utiliser des pronoms et des adjectifs possessifs) est une bonne chose. Les possessifs servent à indiquer ce qui appartient aux uns et aux autres. (Voyez le chapitre 2 pour un tour d'horizon de la grammaire anglaise.)

Les **possessive adjectives** (*pe-zè-siv e-djèk-tivz*) (adjectifs possessifs) se placent devant les noms et indiquent la possession – ils indiquent à qui ou à quoi le nom appartient. Voici les adjectifs possessifs :

- **my** (*maï*) (mon/ma/mes)
- **your** (*ioue*) (votre/vos)
- **her** (*h'ee*) (son/sa/ses – dans le cas d'un possesseur féminin)
- **his** (*h'iiz*) (son/sa/ses – dans le cas d'un possesseur masculin)

- » **its** (*its*) (son/sa/ses – dans le cas d'un possesseur neutre)
- » **our** (*aoue*) (notre/nos)
- » **their** (*dèe*) (leur/leurs)

En anglais, les adjectifs possessifs (comme tous les adjectifs) sont invariables, que les noms soient au singulier ou au pluriel. Vous le comprendrez mieux en regardant les phrases suivantes :

- » **These are her bags.** (*diiz âe h'ee bagz*) (Ceux-ci sont ses bagages.)
- » **This is her suitcase.** (*dis iz hee siout-kéïs*) (Ceci est sa valise.)

Le choix du bon adjectif possessif peut être un peu délicat au début. Vous devez utiliser l'adjectif possessif qui se réfère au possesseur (contrairement au français, où l'adjectif possessif choisi est celui qui correspond à l'entité possédée). Autrement dit, si le possesseur est féminin, utilisez le mot **her** pour montrer la possession, même si ce qui est possédé est masculin.

- » **Nettie travels with her husband.** (*nèt-ti tra-velz ouid hee haez-bend* [UK], *nèt-ti tra-velz ouid hee hez-bend* [US] (Nettie voyage avec son mari.)
- » **His wife made a reservation.** (*h'iz ouaïf méïd e ri-se-véï-chen*) (Sa femme a fait une réservation.)

Les **possessive pronouns** (*pe-zè-siv preou-naounz* [UK], *pe-zè-siv prôô-naounz* [US]) (pronoms possessifs) montrent à qui ou à quoi appartient un nom précédemment mentionné. Ils se placent au début ou à la fin d'une phrase et peuvent être le sujet ou le complément. Voici les différents pronoms possessifs :

- **mine** (*maïn*) (le mien/la mienne/les miens/les miennes)
- **yours** (*iouez*) (le vôtre/la vôtre/les vôtres)
- **hers** (*h'eez*) (le sien/la sienne/les siens/les siennes – possesseur féminin)
- **his** (*h'iz*) (le sien/la sienne/les siens/les siennes – possesseur masculin)
- **ours** (*a-ouez*) (le nôtre/la nôtre/les nôtres)
- **theirs** (*dèez*) (le leur/la leur/les leurs)

Comme les adjectifs possessifs, les pronoms possessifs n'ont pas de forme au pluriel. Le -s dans les mots **yours**, **hers**, **ours** et **theirs** implique la possession. Voici quelques exemples :

- **This luggage is yours.** (*dis lae-guidj iz iouez* [UK], *dis le-guidj iz iouez* [US]) (Ces bagages sont les vôtres.)
- **Mine is still in the car.** (*maïn iz stil in de câû*) (Les miens sont toujours dans la voiture.)

LES POURBOIRES

Il est habituel de donner des pourboires au personnel des hôtels et des motels. Si le service est exceptionnel, vous pouvez toujours donner **a generous tip** (*e djé-ne-res tip*) (un pourboire généreux), mais n'oubliez pas que s'abstenir est considéré comme mal élevé. Voici donc quelques conseils pour que vous sachiez à qui donner des pourboires et approximativement de quels montants.

- **porter/bellhop** (*pôô-te bèl-hop* [UK], *pôô-te bèl-hâp* [US]) (porteur) **$1** par bagage
- **Valet attendant** (*va-lèè e-tèn-dent*) (coursier) **$2–$5**
- **Housekeeper/maid** (*h'aous-kii-pe méïd*) (femme de chambre) **$1–$2** par jour
- **Room service** (*rououm see-vis*) (service dans la chambre). Service de 15 % inclus ; **$1** à la personne qui livre.

Pour plus d'informations sur les monnaies britannique et américaine, reportez-vous au chapitre 6.

Distinguer entre There, Their et They're

Ces petits mots vous causent-ils des ennuis ? N'ayez crainte – les anglophones de naissance les confondent parfois accidentellement, eux aussi. La raison est que la prononciation est pratiquement la même. Ils diffèrent cependant quant au sens, à la fonction et, comme vous le voyez, l'écriture. Le tableau 7-2 vous donne plus d'informations sur les différences. Notez que le mot **there** (*dèe*) (il/là) a deux fonctions.

Mots clés

reception	*ri-sèp-chen*	réception
counter [UK]	*caoun-te*	
front desk [US]	*front dèsk*	réception
a tip	*e tip*	un pourboire
porter	*pôô-te*	porteur
bellhop	*bèl-hop* [UK], *bèl-hâp* [US]	porteur
luggage	*lae-guidj* [UK], *le-guidj* [US]	bagages
bags	*bagz*	sacs/valises

TABLEAU 7.2 There, Their, and They're

Mot	Fonction ; sens	Exemple de phrase
There	Adverbe ; à ou vers un lieu spécifique	**Our bags are over there** (*aoue bagz ae eou-ve dèe* [UK], *aoue bagz ae ôô-ve dèe* [US]) (Nos bagages sont là-bas)
There	Pronom ; sert à amorcer une déclaration	**There is (there's) a charge for room service** (*dèe iz – dèèz – e tchââj foe rououm see-vis*) (Le service dans la chambre est facturé)
Their	Adjectif possessif ; deux possesseurs ou plus	**Their bags are heavy** (*dèe bagz âe h'è-vi*) (Leurs bagages sont lourds)
They're	Contraction (**They + are**) combinaison d'un pronom personnel et d'un verbe ; ils/elles/ ce sont	**They are checking into a motel** (*dèï âe tchè-kign in-tou e meou-tèl* [UK], *dèï âe tchè-kign in-tou e môô-tèl* [US]) (Ils prennent une chambre dans un motel)

Les chapitres 2 et 3 donnent plus d'explications sur les contractions.

LES PETITS SUPPLÉMENTS, CE QUI EST GRATUIT ET CE QUI NE L'EST PAS

Les services supplémentaires entraînent souvent des dépenses supplémentaires sur votre note d'hôtel. Des services tels que **laundry service** (*lôôn-dri see-vis* [UK], *lâân-dri see-vis* [US]) (blanchisserie), **room service** (*rououm see-vis*) (service dans la chambre), **Internet time** (*in-te-nèt taïm*) (temps internet), et parfois même les appels téléphoniques locaux – normalement gratuits aux États-Unis – vous seront facturés. Et faites attention à ces snacks appétissants du **minibar** (*mi-ni-bââ*) (minibar), ils sont chers !

C'est pourquoi, afin d'éviter de grosses surprises, étudiez la brochure de l'hôtel ou les indications affichées dans la chambre pour découvrir les suppléments que vous devrez payer – et combien ils coûtent ! Cependant, des choses comme le **wake-up service** (*ouéïk aep see-vis* [UK], *ouéïk ep see-vis* [US]) (réveil), un **crib** (*crib*) (berceau/lit d'enfant), des **towels** (*taou-elz*) (serviettes de toilette), **pillows** (*pi-leouz* [UK], *pi-lôôz* [US]) (oreillers), et **blankets** (*blan-kits*) (couvertures) supplémentaires sont presque toujours gratuits où que vous alliez.

Quitter l'hôtel

AUDIO

Dans la plupart des hôtels et des motels, le **check-out time** (*tchèk aout taïm*) (l'heure limite de libération de la chambre) est 11 heures ou midi. Quand vous rendez la chambre, vous payez votre note, y compris tout service supplémentaire utilisé. Après, si vous ne partez pas tout de suite, vous pouvez généralement laisser vos bagages pour la journée derrière le comptoir de réservation ou dans un local spécial de stockage.

TRUC

Aux États-Unis, la note inclut une taxe hôtelière locale allant de 7 à 20 % selon la ville. La moyenne est d'environ 10 %. En Europe, comme pour d'autres prestations de services, la note comporte une TVA.

Chapitre 8

Les restaurants et les repas

DANS CE CHAPITRE :

» **Les mots pour les aliments et les repas**

» **Réserver une table au restaurant**

» **Comprendre le menu**

» **Commander les plats et la boisson**

Quand on pense à la meilleure cuisine du monde, celle des pays anglophones ne vient pas aussitôt à l'esprit.

Mais heureusement, dîner au restaurant dans un pays anglophone, et même aux États-Unis, implique bien d'autres expériences que celle du fast food.

La faim et la soif

Pour quand votre estomac vous dit qu'il est temps de manger et quand vous avez besoin d'étancher votre soif, voici quelques expressions qui vous aideront à obtenir quelque chose **to eat** (*tou iit*) (à manger) ou **to drink** (*tou drink*) (à boire).

» **I'm hungry.** (*aïm h'aen-gri* [UK], *aïm h'en-gri* [US]) (J'ai faim.)

» **I'm thirsty.** (*aïm dzees-ti*) (J'ai soif.)

» **Let's eat.** (*lèts iit*) (Mangeons.)

GRAMMAIRE

Utilisez le verbe **to be** (*tou bii*) (être) – non pas **to have** (*tou h'av*) (avoir) – avec les adjectifs **hungry** et **thirsty**. En outre, l'anglais utilise **to be** au lieu de **to have** pour indiquer l'âge. Par exemple, dites **I am 20 years old** (*aï am touèn-ti iiez eould* [UK], *aï am touèn-ti iiez ôôld* [US]) (J'ai 20 ans). (Voyez le chapitre 3 pour d'autres idées sur la façon d'exprimer l'âge.)

DES MOTS AFFAMÉS

I'm hungry (*aïm h'aen-gri* [UK], *aïm h'en-gri* [US]) (J'ai faim) est direct et précis – vous voulez manger ! Mais d'autres expressions courantes ne sont pas si évidentes. Par exemple, vous pourriez dire **I'm so hungry, I could eat a horse!** (*aïm seou h'aen-gri aï coud iit e h'ôôs* [UK], *aïm sôô h'en-gri aï coud iit a h'ôôs*) (j'ai tellement faim, je pourrrais manger un cheval). Vous pouvez dire aussi **I'm starving** (*aïm stââ-vign*) (je meurs de faim) ou **I'm famished** (*aïm fa-micht*) (je suis affamé). En tout cas, tout le monde sait que vous voulez à manger, maintenant.

Traditionnellement, le moment du repas est un moment social – à moins que vous ne deviez vous sauver pour aller travailler ou que vous n'ayez qu'une pause déjeuner très brève – et vous devriez passer un peu de temps à table, profitant de la compagnie de ceux avec qui vous prenez les repas. Le style de vie accéléré change la façon dont beaucoup de gens mangent, mais même pour des Américains, trois bons repas par jour représentent encore la norme. Les sections suivantes vous parlent des repas de la journée. Avez-vous faim ?

Qu'y a-t-il au petit-déjeuner ?

Si vous avez faim le matin, vous pouvez demander **What's for breakfast?** (*ouots foe brèk-fest* [UK], *h'ouâts foe brèk-fest* [US]) (Qu'y a-t-il au petit-déjeuner ?). **Breakfast** veut dire littéralement **break the fast** (*brèïk de fââst* [UK], *brèïk de faast* [US]) (rompre le jeûne), mais en pays anglophone, le petit-déjeuner est un repas tellement populaire que certains restaurants affichent **"Breakfast served all day!"** (*brèk-fest seev'd ôôl dèï* [UK], *brèk-fest seev'd ââl dèï* [US]) (Petit-déjeuner servi toute la journée !).

Voici quelques ingrédients solides typiques d'un petit-déjeuner anglo-américain :

- **bacon** (*béï-ken*) (bacon)
- **cereal** (*sii-riel*) (céréales)
- **eggs** (*ègz*) (des œufs)
- **French toast** (*frènch teoust* [UK], *frènch tôôst* [US]) (pain grillé)
- **pancakes** (*pan-kéïks*) (crèpes)
- **sausage** (*so-sidj* [UK], *sâ-sidj* [US]) (saucisson/saucisse)
- **toast** (*teoust* [UK], *tôôst* [US]) (toast)
- **waffles** (*ouo-felz* [UK], *ouâ-felz* [US]) (gaufres)

Et voici quelques boissons de petit-déjeuner :

- **coffee** (*co-fii* [UK], *câ-fii* [US]) (café)
- **juice** (*djious* [UK], *djous* [US]) (jus de fruits)
- **tea** (*tii*) (thé)

Malgré toutes ces possibilités, beaucoup de gens ne prennent qu'une tasse de café vite faite et un morceau de toast pour le petit-déjeuner durant la semaine. Mais le week-end, ils dorment souvent tard et prennent alors un **brunch** (*braench* [UK], *brench* [US]) (brunch). Le brunch est souvent servi dans le style buffet avec tous les articles typiques du breakfast et en plus **omelettes** [UK]/ **omelets** [US] (*om-lèts* [UK], *âm-lèts* [US]) (omelettes) et d'autres plats à base d'œufs, des hors-d'œuvres, **fruit** (*frouout*) (des fruits), **pastries** (*péïs-triz*) (des pâtisseries), **muffins** (*mae-finz*) (des muffins), et peut-être **champagne** (*cham-péïgn*) (du champagne).

COMMENT VOULEZ-VOUS VOS ŒUFS ?

Un comédien pourrait répondre en plaisantant à cette question et demander « sur une assiette ! ». Mais vous devez être un peu plus spécifique – et probablement moins drôle – en commandant vos œufs. Voici quelques possibilités courantes :

- **fried** (*fraïd*) (sur le plat)
- **omelette** [UK], **omelet** [US] (*om-lèt* [UK], *âm-lèt* [US]) (omelette)
- **poached** (*peou-tch't* [UK], *pôô-tch't* [US]) (pochés)
- **scrambled** (*scram-beld*) (brouillés)
- Aux États-Unis, vous serez confronté à de multiples variétés d'œufs sur le plat :
- **Sunny-side up** (*sae-ni saïd aep* [UK], *se-ni saïd ep* [US]) (le jaune – le soleil – n'est pas cuit).
- **Sunny-side down** (*sae-ni saïd daoun* [UK], *se-ni saïd daoun* [US]) (l'œuf est retourné pendant sa cuisson).
- **Over easy** (*eou-ve ii-zi* [UK], *ôô-ve ii-zi* [US]) (le jaune est encore assez liquide).
- **Medium** (*mii-diem*) (moyen : le jaune est encore un peu liquide).
- **Hard** (*h'ââd*) (le jaune est complètement cuit).

Qu'y a-t-il pour le déjeuner ?

Entre midi et une heure, c'est le moment de dire **Let's have lunch!** (*lèts h'av laench* [UK], *lès h'av lench* [US]) (Déjeunons !). La plupart des gens arrêtent leur travail pour attraper quelque chose à manger ou réchauffent un plat au four à micro-ondes du bureau, puis retournent au travail. Mais pour d'autres, un repas de midi chaud et convivial est le repas principal de la journée.

Voici la composition d'un déjeuner typique :

- **salad** (*sa-led*) (salade)
- **sandwich** (*san-douitch*) (sandwich)
- **soup** (*sououp*) (potage)
- **microwaveable meal** (*maï-crô-ouéï-ve-bel miil*) (repas à réchauffer au micro-ondes)

GRAMMAIRE

Vous pouvez (en général) utiliser **to eat** (*tou iit*) (manger) ou bien **to have** (*tou h'av*) (prendre) pour parler de nourriture. Par exemple, **Let's eat lunch** (*lèts iit laench* [UK], *lèts iit lench* [US]) (Déjeunons) et **Let's have lunch** (*lèts h'av laench* [UK], *lèts h'av lench* [US]) (Déjeunons) ont le même sens. Et vous pouvez utiliser **to drink** (*tou drink*) (boire) ou **to have** pour parler de boire quelque chose : **I drink coffee every morning** (*aï drink co-fii é-vri moo-nign* [UK], *aï drink câ-fi é-vri moo-nign* [US]) (Je bois du café chaque matin) et **I have coffee every morning** (*aï h'av co-fii é-vri moo-nign* [UK], *aï h'av câ-fii é-vri moo-nign* [US]) (Je prends du café chaque matin). **Eat**, **have** et **drink** sont tous des verbes irréguliers.

À RETENIR

En français, il est correct de dire « Je prends mon petit-déjeuner à 7 heures », mais en anglais, vous ne pouvez pas dire **I take breakfast at 7 a.m.** Vous devez utiliser les verbes **to eat** ou **to have** décrits dans le paragraphe précédent. Vous pouvez utiliser **take** quand vous parlez de nourriture dans certaines situations, comme quand vous commandez un plat : **I'll take the salmon.** (*aïl téïk de sa-men*) (Je prendrai le saumon). Ou au bureau : **Let's take a break.** (*lèts téïk e bréïk*) (Faisons une pause).

Qu'y a-t-il pour dîner ?

Le soir, vous pouvez demander **What should we have for dinner?** (*ouot choud oui h'av foe di-ne* [UK], *h'ouât choud oui h'av foe di-ne* [US]) (Que devons-nous manger au dîner ?). Dans les pays de langue anglaise, et surtout en Amérique du Nord, le repas du soir commence nettement plus tôt qu'en Europe continentale et surtout que dans les pays latins, vers 5 ou 6 heures du soir. Le repas du soir est le principal repas de la journée, et ce peut être le seul repas que les membres d'une famille prennent ensemble.

Un dîner typique inclut un **main course** (*méïn côôs*) (plat principal) tel que :

- **casserole** (*ca-se-reoul* [UK], *ca-se-rôôl* [US]) (cassolette)
- **fish** (*fich*) (poisson)
- **meat** (*miit*) (viande)
- **pizza** (*pi-dza*) (pizza)

- **poultry** (*peoul-tri* [UK], *pôôl-tri* [US]) (volaille)
- **spaghetti** (*spe-guè-ti*) (spaghetti)

Et un ou plusieurs des accompagnements suivants :

- **bread** (*brèd*) (pain)
- **potatoes** (*pe-téï-tez*) (pommes de terre)
- **rice** (*raïs*) (riz)
- **salad** (*sa-led*) (salade)
- **vegetables** (*vè-dje-te-blez*) (légumes verts)

Au chapitre 9, vous trouverez le vocabulaire spécifique des légumes (et aussi des fruits).

Dans certaines régions des États-Unis, par exemple dans certains États du Sud-Ouest, les gens prennent un repas principal à midi, suivi d'un repas plus léger – appelé **supper** (*sae-pe* [UK], *se-pe* [US]) (dîner léger) – le soir. Bien sûr, si vous avez faim entre les repas, vous pouvez toujours prendre un petit **snack** (*snac*) (snack).

Quand vous **set the table** (*sèt de téï-bel*) (mettez la table) pour le dîner, voici les articles de base dont vous avez besoin en anglais :

- **silverware** (*sil-ve-ouèe*) (couverts)
  - **forks** (*fôôx* [UK], *fââx* [US]) (fourchettes)
  - **knives** (*naïvz*) (couteaux)
  - **spoons** (*spouounz*) (cuillers)
- **dishes** (*di-chiz*) (vaisselle)
  - **bowls** (*beoulz* [UK], *bôôlz* [US]) (plats/coupes/bols)
  - **cups** (*caeps* [UK], *keps* [US]) (tasses)
  - **glasses** (*glââ-sez* [UK], *glaa-sez* [US]) (verres)
  - **plates** (*pléïts*) (assiettes)

» **other items** (*ae-de aï-temz* [UK], *e-de aï-temz* [US]) (autres articles)

  - **placemats** (*pléïs-mats*) (sets de table)
  - **saltcellar** [UK], **salt shaker** [US]) (*sôlt-sè-le* [UK], *sâlt chéï-ke* [US]) (salière)
  - **pepper pot** [UK], **pepper shaker** [US]) (*pè-pe pot* [UK], *pè-pe chéï-ke* [US]) (poivrier)
  - **tablecloth** (*téï-bel clodz* [UK], *téï-bel clâdz* [US]) (nappe)

La conversation suivante vous permettra de pratiquer les termes utilisés à table et vous fera découvrir quelques expressions à utiliser si quelque chose manque.

FINGER FOOD

Quand est-il convenable de manger avec ses doigts ? Quand vous mangez du **finger food** (*fign-ee fououd*) (aliments à prendre avec les doigts), bien sûr ! **Finger food** est un classement officieux d'aliments que vous pouvez prendre avec les mains sans commettre un faux pas. Appartiennent à cette catégorie **fried chicken** (*fraïd tchi-ken*) (poulet frit), **pizza** (*pi-dze*) (pizza), **bacon** (*béï-ken*) (bacon), et les **appetizers** (*a-pi-taï-zez*) (accompagnements d'apéritif). Dans le doute, regardez comment font les autres ou demandez **Is this finger food?** (*iz dis fign-ee fououd*) (peut-on le manger avec les doigts ?). Mais si vous n'êtes pas à l'aise en mangeant avec les doigts, vous pouvez habituellement utiliser votre fourchette et un couteau.

Aller au restaurant

AUDIO

Dining out (*<u>daï</u>-nign aout*) (Aller au restaurant) vous donne l'occasion de choisir parmi les cuisines de tous les pays, et de goûter aussi les plats et la culture du pays anglophone où vous vous trouvez. Cette section peut vous aider à vous sentir à l'aise quand quelqu'un dit **Let's go out to eat!** (*lèts gueou aout tou iit* [UK], *lèts gôô aout tou iit* [US]) (Allons au restaurant !).

Même les jours de semaine, les restaurants prisés peuvent être complets. Si vous voulez une table, il vaut mieux appeler et réserver. Sinon, préparez-vous à attendre.

TRUC

Dans beaucoup de restaurants, le **host** (*h'eoust* [UK], *h'ôôst* [US]) (le maître d'hôtel) ou une **hostess** (*<u>h'eous</u>-tes* [UK], *<u>h'ôôs</u>-tes* [US]) (hôtesse d'accueil) prend votre nom et vous conduit à votre table. Mais en Amérique, si vous ne voyez personne pour vous accueillir et si vous voyez un signe disant **Please seat yourself** (*pliiz siit ioue-<u>sèlf</u>*) (Choisissez vous-même votre place), n'hésitez pas et prenez la table que vous voulez.

Mots clés

to seat	*tou siit*	s'asseoir
to wait	*tou ouéït*	attendre
to dine out	*tou daïn aout*	dîner au restaurant
to make a reservation	*tou méïk e ri-ze-<u>véï</u>-chen*	faire une réservation

À RETENIR

Dans un café américain, il est généralement considéré comme mal élevé de s'asseoir à une table occupée (mais où il reste de la place) – même si c'est le seul endroit disponible. La coutume peut sembler idiote, peut-être, mais c'est ainsi le plus souvent. Vous pourrez cependant rencontrer quelques exceptions à cette règle non écrite, dans les cafétérias d'établissements scolaires ou de bureaux, où vous pouvez demander **Is this seat taken?** (*iz dis siit téï-ken*) (Cette place est-elle prise ?) si vous apercevez une chaise disponible à une table.

Commander à partir du menu

AUDIO

Choisir ce que vous voulez à partir du menu peut être toute une aventure. Dans un restaurant proposant une cuisine d'Europe continentale, vous pourrez reconnaître des plats qui vous sont familiers (bien qu'ils puissent être considérablement modifiés). Cependant, certains plats peuvent avoir des noms créatifs, de sorte qu'il est impossible de savoir de quoi ils se composent – sauf si vous le demandez. Voici quelques façons de poser cette question, ainsi que quelques autres, utilisables pour commander.

- **Excuse me. What's this?** (*ix-kiououz mi ouots dis* [UK], *ix-kiououz mi h'ouâtz dis* [US]) (Pardon. Qu'est-ce que c'est que ça ?)
- **Can you tell me about this item?** (*can iou tèl mi e-baout dis aï-tem*) (Pouvez-vous me dire quelque chose sur ce plat ?)
- **Which items are vegetarian?** (*ouitch aï-temz ââ vé-dji-tée-rien*) (Quels plats sont végétariens ?)

Pour presque tous les plats que vous commandez – même le plat principal – vous disposez de plusieurs possibilités, comme le degré de cuisson de la viande, le type de préparation des pommes de terre, le type de sauce pour la salade, et ainsi de suite. Les sections suivantes vous aideront à découvrir les options disponibles, et à demander ce qui vous convient.

Viande

Voici quelques-unes des options :

- **beef** (*biif*) (bœuf)
- **lamb** (*lam*) (agneau)
- **pork** (*pôôc*) (porc)

Le serveur peut aussi vous demander **How do you want your meat?** (*haou dou iou ouânt ioue miit*) (Quelle cuisson pour la viande ?) pour pouvoir dire au chef combien de temps il doit cuire votre bœuf. Vous avez le choix entre les réponses suivantes :

- **medium** (*mii-diem*) (à point)
- **rare** (*rèe*) (bleu)
- **well done** (*ouèl daen* [UK], *ouèl den* [US]) (bien cuit)

Si vous hésitez entre plusieurs possibilités, demandez **medium-rare** (*mii-diem rèe*) (saignant) ou **medium-well** (*mii-diem ouèl*) (entre à point et bien cuit).

Pommes de terre

Et voici quelques options pour les pommes de terre :

- **baked potatoes** (*béïk't pe-téï-teouz* [UK], *béïk't pe-téi-tôôz* [US]) (pommes de terre au four), servies avec l'un des ingrédients suivants (mais si vous hésitez entre eux, prenez-les tous les trois !) :
  - **sour cream** (*saoue criim*) (crème fraîche)
  - **butter** (*bae-te* [UK], *be-te* [US]) (beurre)
  - **chives** (*tchaïvz*) (ciboulette)
- **French fries** (*frènch fraïz*) (pommes frites)
- **mashed potatoes** (*macht pe-téï-teouz* [UK], *macht pe-téï-tôôz* [US]) (purée de pommes de terre)

Sauce de salade (Salad dressing)

Les restaurants britanniques assaisonnent la salade à leur manière, un peu fade, et ne vous demandent pas votre avis. Mais lors d'un premier séjour aux États-Unis, soyez sur vos gardes, vous pourriez avoir des surprises.

- **blue cheese** (*blouou tchiiz*) (à base d'un fromage genre Roquefort)
- **French** (*frènch*) (« française », sauce onctueuse un peu sucrée, d'une couleur indéfinissable, au goût répugnant pour un palais français)
- **Italian** (*i-ta-lien*) (sauce à l'huile et au vinaigre de vin, relevée avec un peu d'ail)
- **Ranch** (*râântch* [UK], *raantch* [US]) (moins sucrée et nettement plus relevée que la **French**, et pouvant comporter une dizaine d'ingrédients parmi lesquels de la moutarde et de l'ail)

» **Thousand Island** (*dzaou-zend aï-lend*) (des Mille Îles – même commentaire que pour la **French**, sauf la couleur, qui est rose)

Boissons

TRUC

Tandis que les Britanniques boivent de l'eau fraîche sans plus, et leur bière parfois presque tiède, les Américains ont un faible pour les boissons glacées. Dans tout restaurant américain, dès que vous prenez place à table, un serveur se précipite pour remplir votre (grand) verre de glaçons presque sans eau. Si l'eau ne vous suffit pas ou si vos dents supportent mal la congélation, vous pouvez demander :

» **milk** (*milc*) (du lait)

» **soda** (*seou-de* [UK], *sôô-de* [US]) (un soda)

» **hot coffee/tea** (*h'ot co-fii/tii* [UK], *h'ât câ-fii/tii* [US]) (du café/thé chaud)

» **alcoolic beverages** (*al-co-h'o-lic bè-vri-djez* [UK], *al-câ-h'â-lic bè-vri-djez* [US]) (des boissons alcoolisées)

À RETENIR

Let's eat (*lèts iit*) (Mangeons) est une phrase courante applicable au petit déjeuner, au déjeuner ou au dîner. Mais **let's drink** (*lèts drinc*) (buvons) se réfère habituellement à l'absorption d'alcool. Si donc vous dites **I want to drink** (*aï ouânt tou drinc*) (je veux boire), cela implique que vous voulez boire de l'alcool – et peut-être même vous saouler un peu !

Conversation avec la personne qui sert

Un serveur expérimenté ne doit pas venir trop souvent à votre table pendant un repas, mais rester vigilant pour le cas où vous auriez besoin de lui. Si vous avez besoin de quelque chose de votre serveur pendant que vous mangez, il devrait être assez facile d'attirer son attention. (Je cherche habituellement à établir un contact visuel et à agiter la main, mais n'hésitez pas à demander à un autre serveur de vous envoyer le vôtre s'il ne vous a pas remarqué.) Vous pouvez dire ensuite **Excuse me. May I please have** (*ix-kiououz mi mèï aï pliiz h'av*) (Pardon. Pourrais-je avoir) suivi d'une ou plusieurs choses de cette liste :

» **more water** (*moe ouôô-te* [UK], *moe ouââ-te* [US]) (plus d'eau)

» **some coffee** (*saem co-fii* [UK], *sem câ-fii* [US]) (du café)

» **another glass of wine** (*e-nae-de glââs ev ouaïn* [UK], *e-ne-de glaas ev ouaïn* [US]) (un autre verre de vin)

» **the bill** [UK]/**check** [US]) (*de bil* [UK], *de tchèk* [US]) (l'addition)

Les verbes pour commander : to have et to take

GRAMMAIRE

Le serveur/la serveuse et son client peuvent l'un et l'autre utiliser les verbes **to have** (*tou h'av*) (avoir) et **to take** (*tou téïk*) (prendre). La serveuse vous dit typiquement **I'll take your order** (*aïl téïk ioue ôô-de*) (Je vais prendre votre commande) ou demande **What will you have?** (*ouot ouil iou* *h'av* [UK], *h'ouât ouil iou h'av* [US]) (Que prendrez-vous ?). Le client répond habituellement avec le verbe **to have**, par exemple **I'll have the steak** (*aïl h'av de stèïk*) (Je prendrai le steak).

Mais si la personne qui sert vous offre un choix, le client répond habituellement par le verbe **to take**, qui en pareil cas signifie choisir, comme dans **I'll take the rice** (*aïl téïk de raïs*) (Je prendrai le riz). **Have** et **take** sont l'un et l'autre des verbes irréguliers.

Mots clés

to order	*tou ôô-de*	commander
menu	*mè-niou*	menu
server	*see-ve*	serveur/serveuse
waiter	*ouéï-te*	serveur
waitress	*ouéï-tres*	serveuse

La fin du repas et l'addition

Assez rapidement après que vous aurez fini de manger, la personne qui sert devrait arriver pour enlever les assiettes et vous demander si vous désirez un dessert et/ou un café. Jetez un coup d'œil sur la conversation suivante pour y trouver quelques expressions utilisables à la fin du repas.

Si vous aimez les sucreries, on dit en anglais que vous avez **a sweet tooth** (*e souit tououdz*) (une dent sucrée). Si vous voulez quelque chose de sucré à la fin du repas, ces desserts courants sont faits pour vous :

- **cake** (*kéïk*) (gâteau)
- **cookies** (*cou-kiz*) (biscuits)
- **custard** (*caes-ted* [UK], *kes-ted* [US]) (flan)
- **ice cream** (*aïs criim*) (glace)
- **pie** (*paï*) (tarte/pâté)
- **sherbet** (*chee-bet*) (sorbet)

Quand la dernière bouchée de dessert est avalée et que vous avez fini de boire votre café, la serveuse apporte **the bill** (*de bil* [UK]) (l'addition) ou **the check** (*de tchèk* [US]) (l'addition). C'est le décompte des plats et des boissons, plus la **tax** (*tax*) (taxe).

LE SAC POUR LE CHIEN

Dans les restaurants américains les portions sont souvent gigantesques, et c'est pourquoi il n'est pas inconvenant d'emmener chez vous ce que vous n'avez pas terminé ou de demander un **doggie bag** (*do-gui bag* [UK], *dâ-gui bag* [US]) (sac pour le chien). En fait, c'est une pratique courante – même dans les restaurants chics. Au début, le **doggie bag** était vraiment pour le chien ; quelques restes de viande pour Spot. Mais désormais, pour la plupart des gens, le repas pris au restaurant un soir est le déjeuner du lendemain. Deux repas pour le prix d'un ! Pour emmener les restes chez vous, vous pouvez dire :

- **May I have a doggie bag ?** (*mèï aï h'av e do-gui bag* [UK], *mèï aï h'av e dâ-gui bag* [US]) (Puis-je avoir un sac pour le chien ?)
- **I'd like to take this home.** (*aïd laïk tou téïk dis h'eoum* [UK], *aïd laïk tou téïk dis h'ôôm* [US]) (Je voudrais emmener ceci chez moi.)

CULTURE

Aux États-Unis, un pourboire est attendu. En fait, un **tip** (*tip*) (pourboire) ou **gratuity** (*gre-tiouou-i-ti* [UK], *gre-touou-e-ti* [US]) (pourboire) de 15 à 20 % de l'addition avant taxe est standard. Bien sûr, vous pouvez toujours laisser plus d'argent pour un excellent service (ou moins pour un service médiocre). Dans le cas d'un grand nombre de personnes, un pourboire de 15 à 20 % est automatiquement inclus dans l'addition.

Mots clés

dessert	*di-zeet*	dessert
the bill [UK]	*de bil*	l'addition
the check [US]	*de tchèk*	l'addition
tax	*tax*	taxe
gratuity	*gre-tiouou-i-ti* [UK], *gre-touou-e-ti* [US]	pourboire
doggie bag	*do-gui bag* [UK], *dâ-gui bag* [US]	sac pour le chien

Pour les gens pressés

Les restaurants **fast food** (*fââst fououd* [UK], *faast fououd* [US]) (fast-food) et les **takeaways** [UK] (*téïk-e-ouèï*) (traiteurs/plats à emporter)/**takeouts** [US]) (même sens) existent partout dans le monde, et vous êtes sans doute familiarisé avec le type de nourriture et de service en question. Mais dans un fast-food américain, vous pouvez être surpris par la variété du choix des plats et surtout par les portions gigantesques. Par exemple, un

small (*smôôl* [UK], *smââl* [US]) (petit) soda aux États-Unis peut être comme un **large** (*lââdj*) (grand) soda en France. Et si vous commandez un grand soda – attention – vous pouvez avoir besoin de l'aide de tous vos amis pour le finir ! Les **hamburgers** (*h'am-be-guez*) (hamburgers) peuvent eux aussi être beaucoup plus gros que ce à quoi vous êtes habitué, et une grande portion de **fries** (*fraïz*) (pommes frites) peut ressembler à un repas complet !

Chapitre 9

Faire ses achats

DANS CE CHAPITRE :

» Les achats alimentaires
» Poids et mesures anglo-américains
» Entités dénombrables et non dénombrables
» L'habillement
» Trouver la bonne taille
» Pronoms personnels

Quelles que soient les circonstances dans lesquelles vous voyagez ou vous habitez en pays anglophone, vous serez amené à faire des achats. Que vous soyez à la recherche de souvenirs à offrir à vos amis au retour, en train d'essayer des vêtements d'un nouveau style ou d'acheter ce qu'il faut pour le repas du soir, faire des achats est toujours une bonne occasion de pratiquer votre anglais.

Direction le supermarché

Dans la plupart des villes américaines, vous trouverez de petits **grocery stores** (*greou-se-ri stôez* [UK], *grôô-se-ri stôez* [US]) (magasins d'alimentation), souvent appelés **corner markets** (*côô-ne mââ-kits*) (magasins de quartier/littéralement marchés du coin) ou **mom and pop stores** (*mom and pop stôez* [UK], *mâm and pâp stôez* [US]) (petit commerce/littéralement boutique de maman et papa). Ces magasins appartiennent souvent à une famille, et vous pouvez y trouver un peu de tout, mais pas une grande variété de marques.

Si vous désirez une plus grande sélection et éventuellement des réductions de prix, dirigez-vous vers le **supermarket** (*souou-pe-mââ-kit*) (supermarché), où vous trouverez une variété surprenante de marques et de choix, et des étagères entières consacrées à un seul article comme la sauce pour les pâtes ou le papier toilette !

TROP DE CHOIX

Êtes-vous décontenancé par les choix infinis des supermarchés américains ? Les Américains le sont souvent eux aussi. Aller au supermarché pour acheter un **quart of milk** (*kouôôt ev milc* [UK], *kouâât ev milc* [US]) (quart de gallon de lait [soit un peu moins d'un litre, mais le gallon US étant plus petit que le gallon impérial britannique, un **quart of milk** serait un peu plus d'un litre de lait en Grande-Bretagne, où l'on parle plutôt de **pint of milk** (*païnt ev milc*) [huitième de gallon de lait, soit un peu plus d'un demi-litre]) peut être une opération redoutable. Il n'y a pas seulement du lait, mais du **whole milk** (*h'eoul milc* [UK], *h'ôôl milc* [US]) (lait entier), **2% fat milk** (*tou pe-sènt fat milc*) (lait à 2 % de matière grasse), **organic milk** (*ôe-ga-nic milc*) (lait bio) et ainsi de suite. Si donc vous voulez un article de base tel que de la simple sauce tomate ou du beurre de cacao ordinaire, recherchez sur l'emballage les mots **original flavor** (*e-ri-dji-n'l fléï-vee*) (goût d'origine) ou **plain** (*pléïn*) (simple).

Vous pouvez avoir à mettre en œuvre des talents de détective quand vous arrivez dans un grand supermarché et quand vous vous lancez à la recherche des articles désirés. Mais si vous n'avez pas envie de jouer les détectives, vous pouvez toujours demander à un employé de vous aider. Voici quelques expressions essentielles pour demander de l'aide – et n'oubliez pas de commencer par **Excuse me** (*ix-kiououz mi*) (Excusez-moi) ou **Pardon me** (*pââ-den mi*) (Pardon) :

- **Where can I find ... ?** (*ouèe can aï faïnd* [UK], *h'ouèe can aï faïnd* [US]) (Où puis-je trouver ... ?)
- **Where is/are the ... ?** (*ouèe iz/ââ de* [UK], *h'ouèe iz/ââ de* [US]) (Où est/sont le/les ... ?)
- **Do you sell ... ?** (*dou iou sèl*) (Vendez-vous du/des ... ?)

Naviguer dans les allées

Avant d'entrer dans les **aisles** (*aïlz*) (allées), prenez un **trolley** [UK]/**shopping cart** [US]) (*tro-li* [UK], *châ-pign câât* [US]) (chariot) ou un **basket** (*bââs-kit* [UK], *baas-kit* [US]) (panier) pour emporter quelques articles. Au-dessus de chaque allée se trouve un écriteau indiquant les catégories de produits qui s'y trouvent.

Mots clés

shopping	*cho-pign* [UK], *châ-pign* [US]	les achats
supermarket	*souou-pe-mââ-kit*	supermarché
grocery store	*greou-se-ri stôe* [UK], *grôô-se-ri stôe* [US]	magasin-d'alimentation
market	*mââ-kit*	marché
trolley [UK],	*tro-li*	chariot
shopping cart [US]	*châ-pign* câât	chariot
basket	*bââs-kit*	panier
aisle	*aïl*	allée

CULTURE

La circulation des chariots dans les allées suit le même schéma que la circulation dans les rues – en tenant la gauche ou la droite, selon le pays où vous vous trouvez. Et tout comme dans la rue, vous devez faire attention aux « conducteurs irresponsables » !

Achat de fruits et de légumes

Aux États-Unis, vous trouverez entre autres dans le rayon **produce** (*pre-diouous*) (produits agricoles) du supermarché **citrus fruit** (*si-tres frouout*) (des agrumes) de Floride et de Californie, **bananas** (*be-nââ-nez* [UK], *be-naa-nez* [US]) (des bananes) du Mexique, **crisp apples** (*crisp a-pelz*) (des pommes croquantes) de l'État de Washington. Selon la saison et le lieu géographique, vous trouverez plus (ou moins) de variétés.

Voici quelques-uns des fruits les plus courants :

- **apple** (*a-pel*) (pomme)
- **banana** (*be-nââ-ne* [UK], *be-naa-ne* [US]) (banane)
- **grapes** (*gréïps*) (raisins)
- **lemon** (*lè-men*) (citron)
- **lime** (*laïm)* (citron vert)
- **mango** (*man-gueou* [UK], *man-gôô* [US]) (mangue)
- **melon** (*mè-len*) (melon)
- **orange** (*o-réïnj* [UK], *â-réïnj* [US]) (orange)
- **papaya** (*pe-paï-e*) (papaye)
- **peach** (*piitch*) (pêche)
- **pear** (*pèe*) (poire)
- **pineapple** (*paï-na-pel*) (ananas)
- **strawberry** (*strôô-be-ri* [UK], *strââ-be-ri* [US]) (fraise)

Comme dans tous les pays développés pourvus d'une riche agriculture, les supermarchés des États-Unis regorgent de fruits et légumes frais de toutes sortes. Les États-Unis cultivent beaucoup de légumes – en fait, la vallée centrale de la Californie, la région qui s'étend sur presque toute la longueur de l'État, est surnommée le « saladier », parce qu'une partie importante des légumes du pays y est cultivée.

Voici quelques-uns des légumes les plus courants :

- **bean** (*biin*) (haricot)
- **broccoli** (*bro-ke-li* [UK], *brâ-ke-li* [US]) (brocoli)
- **cabbage** (*ca-bidj*) (choux)
- **carrot** (*ca-ret*) (carotte)

- **celery** (sè-*le-ri*) (céleri)
- **cucumber** (*kiouou-caem-be* [UK], *kiouou-kem-be* [US]) (concombre)
- **lettuce** (*lè-tis*) (laitue)
- **mushroom** (*maech-roum* [UK], *mech-roum* [US]) (champignon)
- **onion** (*o-nien* [UK], *â-nien* [US]) (oignon)
- **pea** (*pii*) (pois)
- **pepper** (*pè-pe*) (poivron)
- **potato** (*pe-téï-teou* [UK], *pe-téï-tôô* [US]) (pomme de terre)
- **squash** [US] (*skouoch* [UK], *skouâch* [US]) (courge)
- **vegetable marrow** [UK] (*vè-dje-te-b'l ma-reou* [UK], *vè-dje-te-b'l ma-rôô* [US]) (courge)
- **courgette** [UK] (*coue-jèt*) (courgette)
- **zucchini** [US] (*zouou-kii-ni*) (courgette)
- **tomato** (techniquement un fruit) (*te-mââ-teou* [UK], *te-méï-tôô* [US]) (tomate)

TRUC

Même si vous n'avez pas besoin d'acheter des **groceries** (*greou-se-riz* [UK], *grôô-se-riz* [US]) (articles d'alimentation), allez voir à l'intérieur d'un supermarché. Promenez-vous dans les allées pour voir les produits auxquels vous n'êtes pas habitué. Vous pouvez demander à un employé ce qu'est un article inconnu. Dites simplement : **Excuse me. What's this?** (*ix-kiououz mi ouots dis* [UK], *ix-kiououz-mi h'ouâts dis* [US]) (Excusez-moi. Qu'est-ce que c'est ?)

Noms dénombrables et noms non dénombrables

Vous pouvez parler de certaines choses en en précisant le nombre, vous pouvez les compter. Par exemple, vous pouvez dire **one apple** (*ouaen a-pel* [UK], *ouen a-pel* [US]) (une pomme), ou **two apples** (*touou a-pelz*) (deux pommes) parce le mot **apple** est un nom dénombrable.

Mais parfois vous ne pouvez pas associer de nombre à certains objets comme **salt** (*sôôlt* [UK], *sââlt* [US]) (du sel) et **lettuce** (*lè-tis*) (de la laitue). Vous ne pouvez pas dire **two salts** (*touou sôôlts* [UK], *touou sââltz* [US]) (deux sels) et bien que vous puissiez parler en français de trois laitues, vous ne pouvez pas dire en anglais **three lettuces** (*dzri lè-ti-siz*). Ces objets alimentaires sont désignés par des noms non dénombrables, une catégorie de noms bien plus fréquente en anglais qu'en français.

Pour exprimer une quantité de ces objets non dénombrables, vous pouvez utiliser les mots **some** (*saem* [UK], *sem* [US]) (un peu de), **any** (*è-ni*) (du), **a little** (*e li-tel*) (un peu de), **a lot of** (*e lot ov* [UK], *e lât ov* [US]) (beaucoup de), mais non pas **a** ou **an**. (Consultez le chapitre 2 pour plus de détails sur les articles.) Si vous voulez indiquer un nombre exact d'un objet non dénombrable, vous devez insérer devant un nom dénombrable pour vous tirer d'affaire. Par exemple, puisque vous ne pouvez pas dire **four milks** (*fôe milcs*) (quatre laits), dites à la place **four glasses of milk** (*fôô glââ-siz ev milc* [UK], *fôô glaa-siz ev milk* [US]) (quatre verres de lait). Vous ne pouvez pas compter le lait, mais vous pouvez compter les verres.

GRAMMAIRE

Dans l'expression **four glasses of milk**, remarquez la préposition **of** entre le nom dénombrable et le nom non dénombrable ; cette préposition est indispensable pour relier les deux noms dans ce type d'expression. En voici quelques autres exemples :

- **a tin of soup** [UK]/**a can of soup** [US] (*e tin ev sououp* [UK], *e can ev sououp* [US]) (une brique de potage)
- **three boxes of cereals** (*dzri bo-xiz ev sii-rielz*) (trois paquets de céréales)
- **two bottles of soda** (*touou bo-telz ev seou-da* [UK], *touou bâ-telz ev sôô-da* [US]) (deux bouteilles de soda)

Le tableau suivant liste d'autres noms non dénombrables portant sur des aliments, ainsi que les noms dénombrables que vous pouvez utiliser pour indiquer des quantités spécifiques :

Noms non dénombrables	Noms dénombrables associés
milk	**pint** [UK]/**quart or gallon** [US]) (*milc païnt kouôôt oe ga-len* [UK], *milc païnt kouâât oe ga-len* [US]) (pinte [UK] = 0,568 litre ; quart [US] = 0,946 litre ; gallon [US] = 3,79 litres de lait)
butter	**packet** [UK]/**carton or stick** [US] (*bae-te pa-kit cââ-ten oe stic* [UK], *be-te pa-kit cââ-ten oe stic* [US]) (paquet de beurre)
yogurt	**pot** [UK]/**carton or pint** [US]) (*ieou-guet pot cââ-ten oe païnt* [UK], *iôô-guet pât cââ-ten oe païnt* [US]) (pot/carton ou pinte [US] = 0,473 litre de yaourt)
wine	**bottle** (*ouaïn bo-tel* [UK], *ouaïn bâ-tel* [US]) (bouteille de vin)
beer	**tin** [UK]/**can** [US]) (*tin can*) (canette de bière)
coffee	**pound/cup** (*paound caep* [UK], *paound kep* [US]) (livre = 454 grammes /tasse de café)

Noms non dénombrables	Noms dénombrables associés
tea	**box/cup** (*tii box caep* [UK], *tii bâx kep* [US]) (paquet/tasse de thé)
salt	**grain/box** (*sôlt gréïn box* [UK], *sâlt gréïn bâx* [US]) (grain/paquet de sel)
celery	**stalk** (*sè-le-ri stôôc* [UK], *sè-le-ri stââc* [US]) (branche de céleri)
lettuce	**head** (*lè-tis*) (laitue – nom dénombrable en français)

Poids et mesures

Si une affiche d'un magasin américain dit **potatoes 50¢ per pound** (*pe-téï-teouz fif-ti sènts pee paound* [UK], *pe-téï-tôôz fif-ti sènts pee paound* [US]) (pommes de terre 50 cents la livre), quel est exactement le prix ? Et dans le cas d'un **quart of milk** (*kouôôt ev milc* [UK], *kouâât ev milc* [US]) (quart de gallon de lait) ? Bien que la majeure partie du monde emploie le système métrique, les États-Unis continuent d'utiliser des mesures telles que la livre, le gallon et le quart dans les transactions de tous les jours (après avoir tenté à maintes reprises – sans grande conviction et sans y parvenir – de passer au système métrique).

Il n'est pas bien difficile de convertir des **pounds (lbs)** en **kilograms (kilos)** – divisez simplement les livres par deux pour obtenir un nombre approximatif de kilos. Pour être plus exact, **1 kilo** équivaut à **2.205 lbs** et **1 lbs** équivaut à **0.454 kilo**. Ces facteurs de conversion vous serviront aussi bien en Grande-Bretagne qu'aux États-Unis, où l'on utilise les mêmes mesures de poids. Ainsi, le poids de la viande y est mesuré en **pounds**, et ce sont bien les mêmes **pounds**.

Malheureusement, les mesures de volume utilisées de part et d'autre de l'Atlantique portent les mêmes noms, mais ne correspondent pas aux mêmes volumes. Comment un **quart** se compare-t-il à un **litre** [UK]/ **liter** [US] ? C'est encore assez facile, si vous parvenez à vous souvenir que c'est un peu plus d'un litre en Grande-Bretagne où **1 quart = 1.136 liters**, et un peu moins d'un litre aux États-Unis où **1 quart = 0.946 liters**. Fort heureusement, les rapports entre **gallon**, **quart** et **pint** sont les mêmes pour tout le monde, de sorte qu'aux États-Unis, un **gallon** est un peu moins que quatre litres, un **quart** un peu moins qu'un litre, et une **pint** un peu moins qu'un demi-litre, tandis qu'en Grande-Bretagne un **gallon** est un peu plus que quatre litres, un **quart** un peu plus qu'un litre et une **pint** un peu plus qu'un demi-litre.

Voici maintenant quelques rapports entre les mesures de volume, qui vous seront utiles pour appliquer des recettes de cuisine écrites en anglais :

- **3 teaspoons (tsp) = 1 tablespoon (tbsp)**
- **2 cups = 1 pint (pt)**
- **2 pints = 1 quart**
- **4 quarts = 1 gallon**

Les caisses enregistreuses

Quand vous avez **checked off** (*tchèkt of*) (coché) tous les articles de votre **shopping list** (*cho-pign list* [UK], *châ-pign list* [US]) (liste d'achats) dirigez-vous vers la **check-out line** (*tchèk aout laïn*) (file d'attente de la caisse) pour payer vos achats. En général, vous videz votre chariot et vous placez les articles sur le **counter** (*caoun-te*) (comptoir).

TRUC

Avez-vous toujours l'impression d'avoir choisi la file d'attente la plus lente ? Si oui, vous vous sentirez chez vous dans les files d'attente des supermarchés. Pendant que vous attendez, vous pouvez pratiquer votre anglais en bavardant avec l'acheteur/l'acheteuse devant ou derrière vous.

Et voici deux particularités des supermarchés américains : quand votre tour est venu de payer, la personne qui place vos articles dans un sac (il y en a toujours une) peut vous demander quel genre de sac vous voulez, et si vous avez besoin d'aide pour porter vos achats jusqu'à votre voiture. Et si vous utilisez une carte bancaire pour payer vos achats, l'employé peut vous demander si vous voulez du **cash back** (*cach bac*) (recevoir de l'argent en liquide). (Vous pouvez en général obtenir de **$20** à **$50** avec votre carte bancaire.) Voici quelques-unes des expressions que vous pourrez entendre dans la file d'attente des caisses :

- **Paper or plastic?** (*péï-pe oe plas-tic*) (Papier ou plastique ?)
- **Do you want help out?** (*dou iou ouânt h'èlp aout*) (Voulez-vous de l'aide pour aller à votre voiture ?)
- **Do you want cash back?** (*dou iou ouânt cach bac*) (Voulez-vous de l'argent liquide ?)

CULTURE

Si vous n'avez que quelques articles et si la personne devant vous a un chariot rempli, ne soyez pas surpris si elle vous offre de vous laisser passer en disant : **You can go ahead** (*iou can gueou e-hèd* [UK], *iou can gôô e-hèd*) (Vous pouvez passer devant). C'est un geste de courtoisie courant, mais non la règle. Si cela se produit, dites simplement **Thank you** (*dzanc iou*) (Merci) et passez devant.

Mots clés

check-out line	*tchèk aout laïn*	file d'attente de la sortie
cash register	*cach rè-djis-te*	caisse enregistreuse
shopping list	*cho-pign list* [UK], *châ-pign list* [US]	liste d'achats
item	*aï-tem*	article
cash back	*cach bac*	argent liquide sur carte bancaire

Juste ma taille : acheter des vêtements

AUDIO

Que vous fassiez des achats dans des **boutiques** (*bouou-tiics*) (boutiques de mode), des **gift shops** (*gift chops*) (boutiques de cadeaux) ou des **malls** (*môôlz* [UK], *mââlz* [US]) (centres commerciaux), votre expédition sera beaucoup plus amusante et satisfaisante si vous connaissez quelques expressions et si vous suivez quelques recommandations relatives à ce genre d'achat. Vous trouverez dans cette section de nombreuses informations pratiques et des expressions simples pour réaliser vos opérations, demander l'aide d'une **salesperson** (*séïlz-pee-sen*) (vendeur/vendeuse) ou simplement pour qu'on vous laisse regarder à votre guise.

Je regarde seulement

Dans les grands **department stores** (*di-pâât-ment stôez*) (grands magasins) vous pouvez errer des semaines (bon, disons de nombreuses minutes) sans voir un vendeur ni une vendeuse. Mais si vous avez la chance d'en voir un/une, vous pouvez demander **Excuse me, can you help me?** (*ix-kiououz mi can iou h'èlp mi*) (Excusez-moi, pouvez-vous m'aider ?)

Dans les magasins plus petits, un vendeur ou une vendeuse viendra probablement vous voir tout de suite et vous posera l'une de ces questions : **May I help you?** (*mèï aï h'èlp iou*) (Puis-je vous aider ?) ou **Do you need help to find anything?** (*dou iou niid h'èlp tou faïnd è-ni-dzign*) (Avez-vous besoin d'aide pour trouver quelque chose ?). Peut-être voulez-vous simplement **browse** (*braouz*) (regarder à loisir). Dans ce cas, dites simplement **No thanks. I'm just looking** (*neou dzancs aïm djaest lou-kign* [UK], *nôô dzancs aïm djest lou-kign* [US]) (Non merci, je regarde seulement).

S'habiller

On trouve des vêtements du style Western dans le monde entier. Les mots **jeans** (*djiinz*) et **T-shirt** (*ti-cheet*) sont aussi des mots français. Vous trouverez dans cette section d'autres noms anglais d'articles vestimentaires et de types de chaussures.

Voici quelques mots pour les **women's clothes** (*oui-mènz cleoudz'z* [UK], *oui-mènz clôôdz'z* [US]) (vêtements de femme) :

- **dress** (*drès*) (robe)
- **blouse** (*blaouz*) (corsage)

- **skirt** (*skeet*) (jupe)
- **suit** (*siouout* [UK], *souout* [US]) (tailleur)
- **trouser suit** [UK] (*traou-se siouout* [UK]) (tailleur avec pantalon)
- **pantsuit** [US] (*pant-souout* [US]) (tailleur avec pantalon)
- **nightgown** (*naït-gaoun*) (chemise de nuit)
- **underwear** (*aen-de-ouèe* [UK], *en-de-ouèe* [US]) (sous-vêtements)

Et voici quelques mots désignant des **men's clothes** (*mènz cleoudz'z* [UK], *mènz clôôdz'z* [US]) (vêtements d'homme) :

- **dress shirt** (*drès cheet*) (chemise habillée)
- **sports shirt** (*spôôts cheet*) (chemise de sport)
- **sports jacket** (*spôôts dja-kit*) (veste de sport)
- **tie** (*taï*) (cravate)
- **vest** [UK] (*vèst*) (tricot porté sous la chemise)
- **undershirt** [US] (*aen-de-cheet*) (tricot porté sous la chemise)

Les termes ci-après s'utilisent aussi bien pour les femmes que pour les hommes :

- **pants** [UK] (*pants*) (caleçon)
- **pants** [US] (*pants*) (pantalon)
- **trousers** [UK] (*traou-zez*) (pantalon)
- **slacks** (*slacs*) (pantalon informel)
- **jacket** (*dja-kit*) (veste)
- **coat** (*keout* [UK], *côôt* [US]) (manteau)

- **suit** (*siouout* [UK], *souout* [US]) (costume)
- **shirt** (*cheet*) (chemise)
- **shorts** (*chôôts*) (short)
- **swimsuit** (*souim-siouout* [UK], *souim-souout* [US]) (maillot de bain)
- **sweatshirt** (*souèt-cheet*) (tricot de sport à manches longues)
- **robe** (*reoub* [UK], *rôôb* [US]) (robe de chambre ou robe d'avocat etc.)
- **pyjamas** [UK] (*pe-djââ-mez*) (pyjama)
- **pajamas** [US] (*pe-djaa-mez*) (pyjama)

GRAMMAIRE

Vous avez sans doute remarqué le « s » indicatif du pluriel à la fin de mots tels que **pants**, **trousers**, **slacks**, **pyjamas**, **shorts**... alors que les équivalents français sont au singulier. Le point commun de ces mots est qu'ils désignent des vêtements qui recouvrent plus ou moins les jambes, et à ce titre sont considérés comme constitués de deux parties symétriques, la gauche et la droite, indissociables : on ne peut pas mettre ces mots au singulier. Mais comment dire « trois pantalons » ? Réponse : **three pairs of trousers** (ou **three pairs of pants**).

En ce qui concerne les chaussures, voici les modèles que vous trouverez dans le magasin de chaussures de votre quartier :

- **dress shoes** (*drès chououz*) (chaussures de ville)
- **high heels** (*h'aï h'iilz*) (hauts talons)
- **loafers** (*leou-fez* [UK], *lôô-fez* [US]) (chaussures décontractées du genre mocassins)

- **pumps** (*paemps* [UK], *pemps* [US]) (chaussures à talon plat – chaussures de danse ou chaussures de tennis)
- **sandals** (*san-delz*) (sandales)
- **slippers** (*sli-pez*) (pantoufles)

Trouver la bonne taille

Si vous êtes un homme (ou si vous faites des achats pour un homme), vous n'aurez pas trop de mal à comprendre les tailles masculines ou à trouver des vêtements de taille adéquate. Mais pour les femmes, la chose est plus délicate, parce que pour une raison mystérieuse, **sizes** (*saï-zez*) (les tailles) féminines varient amplement d'un fabricant à l'autre. Par exemple, je possède des vêtements (que je porte actuellement) avec des tailles de 3 à 12 imprimées sur les étiquettes ! Donc, si vous êtes une femme, vous devez **try on** (*traï on*) (essayer) chaque article pour voir s'il vous va. La taille « grande » d'une marque peut être la taille « mini » d'une autre !

Le tableau suivant vous donne la correspondance entre les tailles des États-Unis, de la Grande-Bretagne et de la France :

États-Unis	6	8	10	12	14	16	18
Grande Bretagne	8	10	12	14	16	18	20
France	36	38	40	42	44	46	48

Utilisez les indications suivantes pour convertir les tailles de vestes ou de costumes masculins :

États-Unis et Grande-Bretagne	34	36	38	40	42	44	46	48
France	44	46	48	50	52	54	56	58

L'essayer

Vous regardez toutes les **clothing racks** (*cleou-dign racs* [UK], *clôô-dign racs* [US]) (rangées de vêtements) et vous trouvez quelques articles qui vous plaisent. Vous voulez maintenant les essayer dans le **dressing room** (*drè-sign roum*) (cabine d'essayage). Voici quelques expression pour vous aider à le faire :

- **May I try this on?** (*mèï aï traï dis on*) (Puis-je l'essayer ?)
- **Where is the dressing room?** (*ouèe iz de drè-sign roum* [UK], *h'ouèe iz de drè-sign roum* [US]) (Où se trouve la cabine d'essayage ?)

Ou encore, la vendeuse peut vous poser l'une des questions suivantes :

- **Are you ready to try those on?** (*âe iou rè-di tou traï deouz on* [UK], *âe iou rè-di tou traï dôôz on* [US]) (Êtes-vous prête à les essayer ?)
- **Shall I put those in the dressing room for you?** (*chal aï pout deouz in de drè-sign roum foe iou* [UK], *chal aï pout dôôz in de drè-sign roum foe iou* [US]) (Voulez-vous que je les mette dans la cabine d'essayage pour vous ?)

Mots clés

salesperson	*séïlz-pee-sen*	vendeur/ vendeuse
just looking	*djaest lou-kign* [UK], *djest lou-kign* [US]	je regarde seulement
to try on	*tou traï on*	essayer
to fit	*tou fit*	aller bien
size	*saïz*	taille
dressing room	*drè-sign roum*	cabine d'essayage

Du plus petit au plus grand : utilisation du comparatif

Disons que vous essayez une chemise, mais elle est trop serrée et vous avez besoin d'une taille plus grande. Pour demander une taille plus grande ou plus petite, vous avez besoin d'utiliser le **comparative** (*kem-pa-re-tiv*) (comparatif). Le comparatif est une forme d'adjectif utilisée pour comparer deux choses. Le comparatif anglais se forme en fonction du nombre de syllabes de l'adjectif, de la manière suivante :

- Dans le cas d'un adjectif d'une ou de deux syllabes, ajoutez la terminaison **-er**. Par exemple :
  - **big** → **bigger** (*big bi-gue*) (grand/grande/grands/grandes → plus grand/grande/grands/grandes)
  - **small** → **smaller** (*smôôl smôô-le* [UK], *smââl smââ-le* [US]) (petit/petite/petits/petites → plus petit/petite/petits/petites)
  - **fancy** → **fancier** (*fan-si fan-si-e*) (élégant/élégante/élégants/élégantes → plus élégant/élégante/élégants/élégantes)

- Dans le cas d'un adjectif de trois syllabes ou plus, utilisez le mot **more** (*moe*) (plus) ou le mot **less** (*lès)* (moins) devant l'adjectif. Par exemple :
  - **more casual** (*moe ca-jouel*) (plus décontracté/décontractée/décontractés/décontractées)
  - **less casual** (*lès ca-jouel*) (moins décontracté/décontractée/décontractés/décontractées)
  - **more expensive** (*moe ix-pèn-siv*) (plus cher/chère/chers/chères)
  - **less expensive** (*lès ix-pèn-siv*) (moins cher/chère/chers/chères)

Voici quelques expressions courantes utilisant le comparatif, qui vous serviront lors de vos achats :

- **Do you have this in a larger size?** (*dou iou h'av dis in e lââ-gee saïz*) (Avez-vous ceci dans une taille plus grande ?)
- **Do you have anything less expensive?** (*dou iou h'av é-ni-dzign lès ix-pèn-siv*) (Avez-vous quelque chose de moins cher ?)

Seulement ce qu'il y a de mieux : le superlatif

Le **superlative** (*souou-pee-le-tiv*) (superlatif) exprime le niveau ultime de quelque chose. Comme le comparatif, le superlatif est une forme d'adjectif, et vous la construisez en fonction du nombre de syllabes de l'adjectif, comme suit :

- Aux adjectifs d'une ou deux syllabes, vous ajoutez la terminaison **-est**. Par exemple :
  - **big** → **biggest** (*big bi-guest*) (grand/grande/grands/grandes → le plus/la plus/les plus grand/grande/grands/grandes)

- **small** → **smallest** (*smôôl smôô-lest* [UK], *smââl smââ-lest* [US]) (petit/petite/petits/petites → le plus/la plus/les plus petit/petite/petits/petites)
- **fancy** → **fanciest** (*fan-si fan-si-est*) (élégant/élégante/élégants/élégantes le plus/la plus/les plus élégant/élégante/élégants/élégantes)

» Dans le cas des adjectifs de trois syllabes ou plus, vous utilisez le mot **most** (*meoust* [UK], *môôst* [US]) (le/la/les plus) ou le mot **least** (*liist*) (le/la/les moins). Par exemple :

- **most casual** (*meoust ca-jouel* [UK], *môôst ca-jouel* [US]) (le/la/les plus décontracté/décontractée/décontractés/décontractées)
- **least casual** (*meoust ca-jouel* [UK], *môôst ca-jouel* [US]) (le/la/les moins décontracté/décontractée/décontractés/décontractées)
- **most expensive** (*meoust ix-pèn-siv* [UK], *môôst ix-pèn-siv* [US]) (le/la/les plus cher/chère/chers/chères)
- **least expensive** (*liist ix-pèn-siv*) (le/la/les moins cher/chère/chers/chères)

TRUC

Il y a quelques exceptions à la règle du comparatif et du superlatif. Par exemple : on dit **most patient** (*meoust péï-chent* [UK], *môôst péï-chent* [US]) (le plus patient) et non pas **patientest**. Et dans certains cas, comme dans les mots suivants – très courants – les formes du comparatif et du superlatif sont complètement irrégulières, et vous devez les mémoriser :

» **Good** (*goud*) (bon/bonne/bons/bonnes), **better** (*bè-te*) (meilleur/meilleure/meilleurs/meilleures), et **best** (*bèst*) (le/la/les meilleur/meilleure/meilleurs/meilleures). Par exemple : **This coat is better**

quality than that coat. (*dis keout iz bè-te couo-li-ti dan dat keout* [UK], *dis côôt iz bè-te couâ-li-ti dan dat côôt* [US]) (Ce manteau-ci est de meilleure qualité que ce manteau-là.)

» **Bad** (*bad*) (mauvais/mauvaise/mauvaises), **worse** (*ouees*) (pire) et **worst** (*oueest*) (le/la/les pire/pires). Par exemple : **This store has the best prices, but the worst service!** (*dis stôôe h'az de bèst praï-siz baet de oueest see-vis* [UK], *dis stôôe h'az de bèst praï-siz bet de oueest see-vis* [US]) (Ce magasin a les meilleurs prix mais le pire service !)

Mots clés

comparative	*kem-pa-re-tiv*	comparatif
superlative	*souou-pee-le-tiv*	superlatif
more	*moe*	plus
less	*lès*	moins
most	*meoust* [UK], *môôst* [US]	le/la/les plus
least	*liist*	le/la/les moins

La politique des retours : rapporter la marchandise au magasin

Vous achetez une chemise pour un ami, mais vous découvrez qu'elle ne lui va pas. Vous pouvez **take it back** (*téïc it bac*) (la rapporter) au magasin pour un **refund** (*ri-faend* [UK], *ri-fend* [US]) (remboursement) ou un

exchange (*ix-tchéïnj*) (échange). Mais pensez à apporter votre **receipt** (*ri-siit*) (reçu) si vous voulez récupérer votre argent. Sans reçu vous pouvez toujours retourner des articles, mais vous recevrez en échange un crédit sur le magasin et non de l'argent comptant.

CULTURE

Dans un pays où **the customer is always right** (*de caes-te-me iz ôôl-ouèïz raït* [UK], *de kes-te-me iz ââl-ouèiz raït* [US]) (le client a toujours raison), vous pouvez généralement retourner des articles qui ne vous satisfont pas ou au sujet desquels vous **change your mind** (*tchéïnj ioue maïnd*) (changez d'avis) après les avoir emportés chez vous.

Vous et moi : pronoms personnels

Les **pronouns** (*preou-naounz* [UK], *prôô-naounz* [US]) (pronoms) sont bien pratiques dans toutes les langues. Ils vous permettent d'éviter de répéter les noms des gens, des lieux et des objets en remplaçant les noms auxquels ils se réfèrent. Remarquez comme une phrase est lourde et paraît absurde sans pronom :

> **Matt didn't like the shirt his friend gave *Matt*.**
> (*mat di-dent laïk de cheet h'iz frènd guéïv mat*) (Matt n'a pas aimé la chemise que son ami a donné à Matt.)

Mais avec les pronoms, vous pouvez dire :

> **He didn't like the shirt his friend gave *him*.**
> (*h'i di-dent laïk de cheet h'iz frènd guéïv h'im*) (Il n'a pas aimé la chemise que son ami lui a donnée.)

Parmi les pronoms **he** et **him** de la phrase précédente, le mot **him** est appelé **object pronoun** (*ob-djèct preou-naoun* [UK], *âb-djèct prôô-naoun* [US]) (pronom complément d'objet). Les pronoms compléments agissent en tant que complément du verbe ou de la préposition qu'ils suivent. Ils se placent en général à la fin ou près de la fin de la phrase, non entre le sujet et le verbe comme en français dans l'exemple précédent. (Consultez le chapitre 2 sur les **subject pronouns**, tels que **he**.)

Voici une liste des pronoms compléments d'objet direct/indirect en anglais :

- **me** (*mi*) (me)
- **you** (*iou*) (te/vous)
- **her** (*h'ee*) (la/lui)
- **him** (*h'im*) (le/lui)
- **it** (*it*) (le/lui)
- **them** (*dèm*) (les/leur)
- **us** (*aes* [UK], *es* [US]) (nous)

Pratiquez les phrases suivantes comportant des pronoms compléments d'objet directs ou indirects (les compléments sont en italique) :

- **Ann bought this shirt for *me*.** (*an bôôt dis cheet foe mi* [UK], *an bâât dis cheet foe mi*) (Ann m'a acheté cette chemise.)
- **She wants *me* to show it to *you*.** (*chi ouânts mi tou cheou it tou iou* [UK], *chi ouânts mi tou chôô it tou iou* [US]) (Elle veut que je te la montre.)
- **My cousins will visit *us*.** (*maï cae-zinz ouil vi-zit aes* [UK], *maï ke-zinz ouil vi-zit es* [US]) (Mes cousins/cousines vont venir nous voir.)
- **You can meet *them*.** (*iou can miit dèm*) (Tu peux les rencontrer.)

To et for : quelques prépositions

Les prépositions posent problème parce qu'il n'y a pas de règle pour vous dire exactement celles qu'il faut utiliser. Essayez d'apprendre seulement quelques prépositions à la fois. En voici deux – **to** (*tou*) (à) et **for** (*foe*) (pour) – utilisables avec les mots qui servent à faire des achats.

On utilise to avec les mots suivants :

- **give (something) to** (*giv saem-dzign tou* [UK], *giv sem-dzign tou* [US]) (donner (quelque chose) à)
- **show (something) to** (*cheou saem-dzign tou* [UK], *chôô sem-dzign tou*) (montrer (quelque chose) à)

On utilise for avec les mots suivants :

- **buy (something) for** (*baï saem-dzign foe* [UK], *baï sem-dzign foe* [US]) (acheter (quelque chose) pour)
- **just right for** (*djaest raït foe* [UK], *djest raït foe* [US]) (juste ce qu'il faut pour)
- **pay for (something)** (*pèï foe saem-dzign* [UK], *pèï foe sem-dzign* [US]) (payer (quelque chose))
- **too big/small for** (*touou big/smôôl foe* [UK], *touou big/smââl foe* [US]) (trop grand/petit pour)

Chapitre 10

Sortir en ville

DANS CE CHAPITRE :

- » **Les actualités locales**
- » **Expressions pour dire l'heure**
- » **Aller au théâtre, au cinéma ou au concert**
- » **Les bars et les night-clubs**

Going out on the town (*gueou-ign aout on de taoun* [UK], *gôô-ign aout on de taoun* [US]) (Sortir en ville), notamment dans un endroit inconnu, est un excellent moyen pour découvrir la culture et l'histoire de la ville et voir comment les gens utilisent leurs loisirs. Vous pouvez visiter les musées, les cafés, les librairies, les sites historiques, les jardins publics, les théâtres et les night-clubs. Dans certaines villes, vous pouvez participer à des promenades à pied organisées ou à des excursions en autocar pour visiter des sites présentant un intérêt culturel ou historique.

Dans ce chapitre, vous verrez comment vous informer sur les attractions et les événements locaux. Je vous donne aussi des expressions utiles pour acheter des tickets et inviter quelqu'un à sortir un soir avec vous. Et pour assurer l'intérêt et la sécurité de votre **nightlife** (*naït-laïf*) (vie de noctambule), j'inclus quelques indications sur ce qui est légal et ce qui ne l'est pas.

Se renseigner sur l'actualité locale

Vous voulez savoir ce qui se passe ? Voici différentes façons de vous informer sur les **events** (*i-vènts*) (événements) de la ville :

- Allez voir un **information centre** [UK], **information center** [US] (*in-fe-méï-chen sèn-te*) (bureau d'information pour les touristes).
- Appelez ou allez voir la **Chamber of Commerce** (*tchéïm-be ov co-mees* [UK], *tchéïm-be ov câ-mees* [US]) (chambre de commerce).
- Consultez un **guidebook** (*guaïd-bouc*) (guide touristique).
- Examinez les **information brochures** (*in-fe-méi-chen breou-chez* [UK], *in-fe-méï-chen bre-chououez* [US]) (brochures d'informations) d'un hôtel.
- Regardez la **calendar section** (*ke-lèn-de sèc-chen*) (section calendrier) du journal local.
- Repérez les endroits intéressants sur une **map** (*map*) (carte).
- Recherchez des **flyers** (*flaïez*) (dépliants) et des **posters** (*peous-tez* [UK], *pôôs-tez* [US]) (affiches) portant sur les spectacles à venir.

TRUC

À coup sûr, la façon la meilleure et la plus intéressante de découvrir ce qui se passe dans une ville est simplement de demander aux gens ! Parlez-leur dans les magasins ou à votre hôtel, demandez au serveur ou à la serveuse (les jeunes gens connaissent tous les bons clubs !) et parlez à d'autres touristes. Ne soyez pas timide – les gens adorent parler de leurs attractions ou soirées favorites.

Vous pouvez utiliser les expressions suivantes pour vous renseigner sur les événements locaux :

» **Can you recommend a good art gallery?** (*can iou rè-ke-mènd e goud âât ga-le-ri*) (Pouvez-vous recommander une bonne galerie d'art ?)

» **What should I see while I'm here?** (*ouot choud aï sii ouaïl aïm h'ie* [UK], *h'ouât choud aï sii h'ouaïl aïm h'ie* [US]) (Que devrais-je aller voir pendant mon séjour ?)

» **Are there any museums here?** (*ââ dèe é-ni miou-zi-emz h'ie*) (Y a-t-il des musées ici ?)

» **Where can I find tourist information?** (*ouèe can aï faïnd tou-rist in-fe-méï-chen* [UK], *h'ouèe can aï faïnd tou-rist in-fe-méï-chen* [US]) (Où puis-je trouver des informations touristiques ?)

Mots clés

event	*i-vènt*	événement/spectacle
attraction	*e-trac-chen*	attraction
information	*in-fe-méï-chen*	informations
nightlife	*naït-laïf*	vie nocturne

Obtenir des informations

AUDIO

Avez-vous jamais prévu un programme de visites ou de distractions, et découvert que ce que vous venez voir est fermé (et ne rouvrira que mardi prochain, quand vous serez reparti) ? Eh bien ! Si vous savez un peu d'anglais, vous pouvez éviter ce problème.

Avec quelques expressions simples, vous pouvez découvrir si un endroit est ouvert ou quand un événement aura lieu. Servez-vous des expressions suivantes pour obtenir des informations et préparer votre programme :

- **What are your hours?** (*ouot âe ioue aouez* [UK], *h'ouât âe ioue aouez* [US]) (Quelles sont vos heures d'ouverture ?)
- **What days are you open?** (*ouot dèïz âe iou eou-pen* [UK], *h'ouât dèïz âe iou ôô-pen* [US]) (Quels jours êtes-vous ouvert ?)
- **How much does it cost?** (*h'aou maetch daez it cost* [UK], *h'aou metch dez it câst* [US]) (Combien ça coûte ?)
- **Is there an admission fee?** (*iz dèe en ed-mi-chen fii*) (L'entrée est-elle payante ?)

Pour faire des projets et obtenir des informations sur les événements et les attractions, vous avez besoin de parler de l'heure et de la date. La section suivante vous fournit toutes les notions de base sur la façon de dire l'heure.

L'heure en anglais

Les pays anglophones disent l'heure de la manière suivante :

- Avec les nombres de 1 à 12, et non de 1 à 24
- Avec les abréviations **a.m.** (de minuit à midi) et **p.m.** (de midi à minuit)
- Si vous dites à quelqu'un que vous le verrez demain à 10:00, vous devez spécifier **a.m.** ou **p.m.** Sinon, vous risquez de l'attendre toute la journée si la personne en question a compris que vous vouliez dire 10:00 du soir !

» Mais si vous lisez **12.00 a.m.** et si vous ne savez plus très bien s'il s'agit de midi ou de minuit, rappelez-vous que a.m. veut dire *ante meridiem*, soit avant midi. 12 heures avant midi, c'est donc **midnight** (*mid-naït*) (minuit). Si maintenant vous appliquez le même raisonnement à **12 p.m.** – p.m. voulant dire *post meridiem*, soit après midi – vous retombez sur… **midnight** ! Évitez donc soigneusement de dire ou d'écrire 12.00 (avec ou sans a.m. ou p.m.), et dites ou écrivez **midnight** ou **noon** (*nououn*) (midi).

TRUC

Aux États-Unis, seuls les militaires utilisent le système horaire dit **24-hour time** (*touèn-ti foue aoue taïm*) (horaire de 1 à 24 heures). Si vous l'utilisez en parlant ou en écrivant dans les contacts quotidiens, les gens peuvent être déconcertés ou avoir besoin de réfléchir pour comprendre ce que vous voulez dire. Il vaut mieux utiliser **a.m.** et **p.m.** et les autres expressions de cette section.

L'heure s'exprime généralement par l'heure suivie des minutes. Pour 1:30 vous dites **one-thirty** (*ouaen dzee-ti* [UK], *ouen dzee-ti* [US]) (une heure trente). Voici quelques autres exemples :

» **7:05 = seven oh five** (*sè-ven eou faïv* [UK],*sè-ven öo faïv* [US]) (sept heures cinq)

» **10:15 = ten fifteen** (*tèn fif-tiin*) (dix heures quinze)

» **11:45 = eleven forty-five** (*i-lè-ven fôô-ti faïv*) (onze heures quarante-cinq)

Avez-vous besoin de savoir l'heure ? Vous pouvez la demander à quelqu'un au moyen de l'une des expressions suivantes :

- **What time is it?** (*ouot taïm iz it* [UK], *h'ouât taïm iz it* [US]) (Quelle heure est-il ?)
- **Do you have the time?** (*dou iou h'av de taïm*) (Avez-vous l'heure ?)

À RETENIR

N'oubliez pas l'article **the** en demandant **Do you have the time?** Si vous l'oubliez, vous direz **Do you have time?** (*dou iou h'av taïm*) (Avez-vous le temps ?), ce qui veut dire « êtes-vous trop occupé pour faire quelque chose ou pouvez-vous dégager un peu de temps ? ». Si vous posez cette question par erreur, la personne peut demander **time for what?** (*taïm foe ouot* [UK], *taïm foe h'ouât* [US]) (du temps pour quoi faire ?).

TRUC

Dire le mot **o'clock** après l'heure n'est pas nécessaire, et les gens le disent rarement devant les termes **a.m.** ou **p.m.** Mais il y a diverses façons d'exprimer une heure particulière en anglais. Regardez les exemples suivants :

- **It's three p.m.** (*its dzri pi èm*) (Il est quinze heures.)
- **It's three in the afternoon.** (*its dzri in di ââf-te-<u>nououn</u>* [UK], *its dzri in di aaf-te-<u>nououn</u>* [US]) (Il est trois heures de l'après-midi.)
- **It's three o'clock in the afternoon.** (*its dzri e-<u>cloc</u> in di ââf-te-<u>nououn</u>* [UK], *its dzri e-<u>clâc</u> in di aaf-te-<u>nououn</u>* [US]) (Il est trois heures de l'après-midi.)
- **It's three.** (*its dzri*) (Il est trois heures.)

Les termes **past** (*pââst* [UK], *paast* [US]) (après) et **before** (*be-<u>foe</u>*) (avant) sont rarement utilisés en anglais américain pour exprimer l'heure. On tend à utiliser le mot **after** (*<u>ââf</u>-te* [UK], *<u>aaf</u>-te* [US]) (après) comme dans **ten after three** (*tèn <u>ââf</u>-te dzri* [UK], *tèn <u>aaf</u>-te dzri* [US]) (trois heures dix) et les mots **to** (*tou*) (jusqu'à) ou **till** (*til*) (jusqu'à) comme dans **ten to five** (*tèn tou faïv*) (cinq heures moins dix). Quinze minutes avant ou après l'heure, vous pouvez utiliser les expressions **a quarter after** (*e <u>kouôô</u>-te <u>ââf</u>-te* [UK], *e <u>kouââ</u>-te <u>aaf</u>-te* [US]) (et quart) et **a quarter to** (*e <u>kouôô</u>-te tou* [UK], *e <u>kouââ</u>-te tou* [US]) (moins le quart). Ainsi vous pouvez exprimer 3:45 sous la forme **a quarter to four** (*e <u>kouôô</u>-te tou fôô* [UK], *e <u>kouââ</u>-te tou fôô* [US]) (quatre heures moins le quart).

Mots clés

in the morning	*in de <u>moe</u>-nign*	le matin
in the afternoon	*in di ââf-te-<u>nououn</u>* [UK], *in di aaf-te-<u>nououn</u>* [US]	l'après-midi
in the evening	*in di <u>ii</u>-v'nign*	le soir
noon	*nououn*	midi
midnight	*<u>mid</u>-naït*	minuit

Prépositions de temps : at, in et on

On utilise trois prépositions – **at** (*at*) (à), **in** (*in*) (dans) et **on** (*on*) (sur) – pour indiquer le moment. Vous reconnaissez peut-être ces mots pour les avoir vus dans la section sur la façon de dire l'heure. Leur emploi vous semble peut-être aléatoire, mais il vous faut respecter certaines règles :

» Utilisez **at** dans les expressions de temps précises, et en outre devant le mot **night**.

- Utilisez **in** avec les expressions **the morning, the evening and the afternoon**.
- Utilisez **on** avec les jours de la semaine, le mot **weekend** et les jours de fête.

Observez les exemples suivants :

- **The concert starts at 9:00 at night.** (*de con-seet stââts at naïn at naït* [UK], *de cân-seet stââts at naïn at naït* [US]) (Le concert commence à 9 heures du soir.)
- **We went to the park in the afternoon.** (*oui ouènt tou de pââk in di ââf-te-nououn* [UK], *oui ouènt tou de pââk in di aaf-te-nououn* [US]) (Nous sommes allés dans le parc dans l'après-midi.)
- **The museum is closed on Monday.** (*de miouou-zi-em iz cleouz'd on mon-di* [UK], *de miouou-zi-em iz clôôz'd on mân-di* [US]) (Le musée est fermé le lundi.)

Le cinéma

Un excellent moyen d'exercer vos talents d'écoute et d'apprendre de nouvelles expressions est d'aller au **cinema** (*si-ni-me*) (cinéma) en Grande-Bretagne ou **to the movies** (*tou de mououu-viz*) (au cinéma) en Amérique du Nord. Le mot américain **movies** est un raccourci pour **moving pictures**, mot datant de l'époque à laquelle nous disions cinématographe. Alors que les Britanniques utilisent comme nous le mot **film** (*film*) (film), les Américains vont voir un **movie** (*mouou-vi*) (film) dans un **movie theater** (*mouou-vi dzi-e-te*) (cinéma). Le mot américain theater utilisé seul désigne un théâtre où l'on assiste à un spectacle **live** (*laïv*) (vivant/direct), mais certains l'utilisent à tort à la place du mot composé **movie theater**.

À RETENIR

Comme l'équivalent du mot français « centre » celui du mot français « théâtre » a deux orthographes anglaises : la britannique, **centre**, **theatre** et l'américaine **center**, **theater**.

Examinez la section du journal local consacrée aux films, ou appelez le cinéma pour écouter l'enregistrement des films et des horaires. Voici les questions à poser si vous avez la chance d'avoir affaire à un être humain :

» **What films** [UK]/**movies** [US] **are playing today?** (*ouot filmz ââe plèï-ign te-dèï* [UK], *h'ouât mouou-viz ââe plèï-ign te-dèï* [US]) (Quels films sont projetés aujourd'hui ?)

» **What time does the film** [UK]/**movie** [US] **start?** (*ouot taïm daez de film stâât* [UK], *h'ouât taïm dez de mouou-vi stâât* [US]) (A quelle heure commence le film ?)

CLASSEMENT DES FILMS AUX ÉTATS-UNIS

Aux États-Unis comme ailleurs, les films se voient attribuer un **rating** (*réï-tign*) (classement) indiquant la catégorie de public à laquelle ils sont destinés. Voici les **ratings** les plus courants et leur signification :

» **G** : pour tous publics (les enfants, la grand-mère, les parents et le chien)

» **PG** : **parental guidance** (*pe-rèn-tel guaï-dens*) (surveillance parentale) pour tous les enfants de moins de 17 ans

» **R** : **restricted** (*rès-tric-tid*) (restreint) films interdits aux moins de 17 ans à cause de leur contenu « adulte »

Mots clés

showing	*chôô-ign*	séance
ticket	*ti-kit*	billet
box office	*box o-fis* [UK], *bâx â-fis* [US]	guichet de cinéma
matinée	*ma-ti-nèï*	matinée

» **Is there a matinée?** (*iz dèe e ma-ti-nèi*) (Y a-t-il une matinée ?)

Concerts et pièces de théâtre

La **live music** (*laïv miouou-sic*) (musique live), le **live theatre** [UK]/**theater** [US]) (*laïv dzi-e-te*) (théâtre) et les **dance concerts** (*dââns con-seets* [UK], *daans con-seets* [US]) (spectacles de danse) vous permettent d'approcher les **musicians** (*miouou-si-chenz*) (musiciens) et les **performers** (*pe-fôô-mez*) (artistes).

Dans de petites villes, vous pouvez aller voir le **local talent** (*leou-kel ta-lent* [UK], *lôô-kel ta-lent* [US]) (talent local) ; dans les villes plus importantes, vous pouvez voir des artistes de renommée internationale. Que vous alliez à **Carnegie Hall** (*câârne-gui h'ôôl* [UK], *câââ-ne-gui h'ââl*) (célèbre salle de concert à New York), au **Royal National Theatre** (*ro-iel na-che-nel dzi-e-te*) de Londres ou à une pièce de théâtre jouée par le lycée du lieu, vous absorberez un peu de la culture locale et vous aurez l'occasion d'observer **the audience** (*di ôô-diens* [UK], *di ââ-diens* [US]) (le public).

Sortir avec quelqu'un

Si vous trouvez un spectacle intéressant auquel vous voulez assister et si vous voulez demander à un ami/une amie de vous accompagner, vous avez besoin de connaître quelques expressions pour le lui proposer. Je vous suggère d'utiliser les phrases suivantes :

- **Would you like to see a film** [UK]/**movie** [US] **with me?** (*woud iou laïk tou sii e film/mouou-vi ouid mi*) (Voudrais-tu voir un film avec moi ?)
- **Do you like plays?** (*dou iou laïk plèïz*) (Aimes-tu/aimez-vous les pièces de théâtre ?)
- **I'm going to a concert tomorrow. Do you want to come?** (*aïm gueou-ign tou e con-seet te-mo-reou dou iou ouânt tou caem* [UK], *aïm gôô-ign tou e con-seet te-mâ-rôô dou iou ouânt tou kem* [US]) (Je vais à un concert demain. Veux-tu/voulez-vous venir ?)

Réjouissances nocturnes

La meilleure façon de trouver de bons **nightclubs** (*naït-claebz* [UK], *naït-klebz* [US]) (night-clubs) ou **bars** (*bâez*) (bars) est de demander autour de vous. Chaque personne a un établissement préféré, mais avec quelques questions pertinentes, vous obtiendrez assez d'informations pour décider vous-même.

Tout le monde a entendu parler des **pubs** (*paebz* [UK], *pebz* [US]) (pubs) d'Irlande et de Grande-Bretagne. Les pubs ne sont pas une institution américaine, mais on trouve dans certaines villes des États-Unis des **breweries** (*brouou-e-riz*) (brasseries) locales servant différentes sortes de **beer** (*biie*) (bière) et généralement des repas légers. Voici quelques questions que vous pouvez poser aux gens du pays sur les clubs et les bars :

- **Do you know any good nightclubs?** (*dou iou neou é-ni goud naït-claebz* [UK], *dou iou nôô é-ni goud naït-clebz* [US]) (Connaissez-vous de bons night-clubs ?)
- **What kind of bar is this?** (*ouot caïnd of bâe iz dis* [UK], *h'ouât caïnd of bâe iz dis* [US]) (C'est quel genre de bar ?)
- **Is there live music?** (*iz dèe laïv miouou-zic*) (Y a-t-il un orchestre ?)
- **Does the club have dancing?** (*daez de claeb h'av dan-sign* [UK], *dez de cleb h'av dan-sign* [US]) (Est-ce un club où l'on danse ?)

GRAMMAIRE

Si quelqu'un vous demande si vous voulez du thé ou du café, vous pouvez dire **Coffee, please** (*co-fii pliiz* [UK], *câ-fii pliiz* [US]) (Du café, s'il vous plaît). Mais si vous voulez être plus formel ou faire ressortir votre préférence, vous pouvez dire **I prefer coffee** (*ai pri-fee co-fii*) (Je préfère du café). Si quelqu'un vous demande si vous aimez la musique classique, vous pouvez dire **I prefer jazz** (*aï pri-fee djaz*) (Je préfère le jazz). Observez les questions et les réponses suivantes :

- **Do you want to go to a museum?**
  dou iou ouânt tou gueou tou e miouou-zi-em [UK]
  dou iou ouânt tou gôo tou e miouou-zi-em [US]
  Veux-tu aller à un musée ?

  I prefer to go see a film [UK]/**movie** [US].
  aï pri-fee tou gueou sii e film [UK]
  aï pre-fee tou gôô sii e mouou-vi [US]
  Je préfère aller voir un film.

- **Do you mind if I smoke?**
  dou iou maïnd if aï smeouk [UK]
  dou iou maïnd if aï smôôk [US]
  Cela vous dérange-t-il si je fume ?

  I prefer that you don't.
  aï pri-fee dat iou deoun't [UK]
  aï pri-fee dat iou dôôn't [US]
  Je préfère que vous ne fumiez pas.

CULTURE

N'oubliez pas le pourboire pour la personne qui vous sert à boire dans un bar ou un night-club. La norme est de donner 15 à 20 % de la note.

CELA VOUS DÉRANGE SI JE FUME ?

Si vous êtes un **smoker** (*smeou-ke* [UK], *smôô-ke* [US]) (fumeur) en visite aux États-Unis vous direz peut-être « On dit que l'Amérique est le pays de la liberté, mais je ne peux fumer nulle part ! » et vous aurez raison. Mais un **nonsmoker** (*non-smeou-ke* [UK], *nân-smôô-ke* [US]) (non-fumeur) pourrait dire « J'ai le droit d'être libre de la fumée de cigarette ! » Le non-fumeur a raison lui aussi. Mais quelle que soit votre interprétation de la liberté, le fait demeure que fumer est interdit dans la plupart des lieux publics, y compris de nombreux bars et night-clubs !

Si vous ne voyez pas d'**ashtrays** (*ach-treïz*) (cendriers), fumer est probablement **not allowed** (*not e-laoud* [UK], *nât e-laoud* [US]) (non autorisé). En cas de doute, vous pouvez demander **Is it okay to smoke here?** (*iz it eou-kèï tou smeouc h'ie* [UK], *iz it ôô-kèï tou smeouc h'ie* [US]) (Est-ce qu'on peut fumer ici ?)

CEUX QUI BOIVENT ET CELUI QUI CONDUIT

Vous pouvez conduire aux États-Unis à l'âge de 16 ans (15 ans avec un adulte et un permis), mais vous ne pouvez pas entrer dans un night-club ou un bar (légalement) tant que vous n'avez pas 21 ans – le **legal drinking age** (*lii-guel drin-kign éïdj*) (âge légal pour consommer de l'alcool) ! Attendez-vous à devoir montrer une **picture ID** (*pic-tchee aï di*) (pièce d'identité avec une photo). Et sachez que les clubs n'acceptent parfois pas les passeports comme des pièces d'identité valables.

Dans un club (ou dans une partie ou un restaurant), vous pouvez entendre quelqu'un dire **I'm the designated driver** (*aïm de dé-zig-néï-ted draï-ve*) (je suis le conducteur désigné). Cette personne consent à rester **sober** (*seou-be* [UK], *sôô-be* [US]) (sans boire d'alcool) et à reconduire les autres en voiture chez eux. De nombreux bars et clubs servent des boissons non alcoolisées aux conducteurs désignés.

Mots clés

alcohol	*al-ke-h'ol* [UK], *al-ke-h'âl* [US]	alcool
minor	*maï-ne*	mineur
underage	*aen-de-réïdj* [UK], *en-de-réïdj* [US]	au-dessous de l'âge requis
smoke	*smeouc* [UK], *smôôc* [US]	fumer ou fumée
ashtray	*ach-trèï*	cendrier

Chapitre 11

Aller et venir : différents moyens de transport

DANS CE CHAPITRE :

- **Comment trouver son chemin dans les aéroports**
- **Les transports en commun : les bus, les avions et les trains**
- **Prendre des taxis**
- **Louer une voiture**
- **Les routes et les autoroutes en Grande-Bretagne ou aux États-Unis**

Quand vous arrivez à un **airport** (*ée-pôôt*) (aéroport) après un vol de longue durée, la première chose que vous voulez probablement faire (après vous être assuré que vos bagages ne sont pas partis dans un autre pays), c'est de sortir de là !

Bien sûr, si vous arrivez aux États-Unis, vous devez présenter votre passeport et passer la douane avant de trouver **transportation** (*trans-pôô-téï-chen*) (un moyen de transport) et de vous diriger vers votre point d'accueil. Si vous savez un peu d'anglais, votre voyage sera plus agréable – et un peu moins stressant. Ce chapitre vous apporte des éléments du langage des voyages, ainsi que des renseignements sur la façon de quitter l'aéroport, d'utiliser les transports en commun, de louer une voiture et de rouler sur les routes américaines.

Traverser l'aéroport et la douane

AUDIO

Dans les aéroports des États-Unis, presque toutes les indications sont en anglais (à moins que vous ne soyez près de la frontière mexicaine ou près du Québec). Voici quelques-uns des signes que vous verrez :

- **Baggage Claim** (*ba-guidj cléïm*) (Récupération des bagages)
- **Immigration** (*i-mi-gréï-chen*) (Immigration)
- **Customs** (*caes-temz* [UK], *kes-temz* [US]) (Douane)
- **Information** (*in-fe-méï-chen*) (Informations)
- **Arrivals** (*e-raï-velz*) (Arrivées)
- **Departures** (*di-pââ-tchez*) (Départs)
- **Ground Transport** (*graound trans-pôôt*) (Transports terrestres)

La plupart des gens tendent à être un peu anxieux au passage de l'**immigration** (*i-mi-gréï-chen*) (immigration) et de la **customs** (*caes-temz* [UK], *kes-temz* [US]) (douane), mais si vous n'avez pas avec vous d'articles prohibés, vous pouvez en temps normal les traverser sans encombre. Ayez bien entendu avec vous les documents appropriés – un **visa** (*vi-ze*) (visa), un **passport** (*pas-pôôt*) (passeport) et votre **ticket** (*ti-kit*) (billet d'avion) – et suivez le signe **Immigration**.

À la douane, on peut vous demander d'ouvrir ou de déballer vos bagages et de répondre à des questions sur certains articles. Si vous avez de la chance, le **customs officer** (*caes-temz o-fi-see* [UK], *kes-temz â-fi-se* [US]) (douanier) vous demandera seulement si vous introduisez aux États-Unis des articles prohibés. Voici quelques expressions que vous devez connaître :

- **Please open your bags.** (*pliiz eou-pen ioue bagz* [UK], *pliiz ôô-pen ioue bagz* [US]) (Veuillez ouvrir vos bagages.)
- **Do you have any items to declare?** (*dou iou h'av é-ni aï-temz tou di-clèe*) (Avez-vous des articles à déclarer ?)

Mots clés

luggage	*lae-guidj*	bagages
baggage	*ba-guidj*	bagages
bags	*bagz*	bagages
schedule	*chè-diououl* [UK], *skè-diououl* [US]	horaire
ticket	*ti-kit*	billet
passport	*pas-pôôt*	passeport

TRUC

Si vous avez un problème quelconque avec l'immigration ou la douane ou si le douanier confisque des objets prohibés, vous avez intérêt à rester calme, courtois et coopératif. Ne plaisantez jamais avec des agents de l'immigration ou de la douane. Et si vous êtes arrêté pour une raison quelconque, ne proposez pas d'argent – c'est illégal.

VOUS NE POUVEZ PAS LES INTRODUIRE AUX ÉTATS-UNIS

Rappelez-vous que les douanes ne peuvent pas vous autoriser à apporter certains articles aux États-Unis. En général, vous ne pouvez pas apporter des produits agricoles, de la viande, des plantes vivantes, des noix ou des aliments de certaines régions et, bien sûr, des armes à feu ou de la drogue. D'autres articles interdits sont les espèces animales menacées de disparition, l'ivoire, les peaux de léopard, le corail et les carapaces de tortue. Vérifiez les informations relatives aux articles interdits sur le site web du bureau des douanes américain à www.customs.ustreas.gov.

Sortir de l'aéroport

Après être passé par les points de contrôle obligatoires et avoir récupéré vos bagages, vous devriez voir des signes vous dirigeant vers les moyens de transport terrestre, et vous pourrez prendre un **taxi** (*ta-xi*) (taxi), un **bus** (*baes* [UK], *bes* [US]) (bus), ou une **airport shuttle** (*èe-pôôt chae-tel* [UK], *èe-pôôt che-tel* [US]) (navette d'aéroport). Si vous ne voyez pas de signes, allez à un comptoir d'information et demandez les horaires des bus et des navettes.

La liste ci-après vous précise les options dont vous disposez pour quitter l'aéroport :

- **Bus** : un autobus peut vous emmener en centre-ville ou en banlieue, mais pas toujours à votre destination exacte. Pour plus de sûreté, demandez au **driver** (*<u>draï</u>-ve*) (chauffeur) de vous dire exactement où il va. En outre, vous devez avoir le **fare** (*fèe*) (montant du billet) exact – les chauffeurs ne rendent généralement pas la monnaie. Les questions suivantes peuvent vous aider à trouver le bon autobus :

- **Where does this bus go?** (*ouèe daez dis baes gueou* [UK], *h'ouèe dez dis bes gôô* [US]) (Où va ce bus ?)
- **Does this bus go to...?** (*daez dis baes gueou tou* [UK], *dez dis bus gôô tou* [US]) (Ce bus va-t-il à ... ?)

» Si vous êtes en autobus dans une ville inconnue, vous pouvez facilement rater votre **stop** (*stop* [UK], *stâp* [US]) (arrêt). Demandez au chauffeur de vous prévenir quand le bus arrive à votre destination. Voici ce qu'il faut dire :

- **Please tell me where to get off the bus.** (*pliiz tèl mi ouèe tou guèt of de baes* [UK], *pliiz tèl mi h'ouèe tou guèt of de bes* [US]) (S'il vous plaît, dites-moi quand je dois descendre.)
- **Can you tell me when we get to my stop?** (*can iou tèl mi ouèn oui guèt tou maï stop* [UK, *can iou tèl mi h'ouèn oui guèt tou maï stâp* [US]) (Pourrez-vous me dire quand nous serons arrivés à mon arrêt ?)

» **Airport shuttle** : ce petit véhicule emmène de six à neuf passagers et vous conduit à votre destination spécifique. Bien sûr, le trajet est plus cher qu'en bus (mais souvent moins cher qu'en taxi). Et bien qu'il puisse durer longtemps (surtout si vous êtes la dernière personne à descendre), le service « porte-à-porte » est un grand avantage.

- **Taxi** : vous trouverez normalement de nombreux **taxis** (*ta-xiz*) (taxis) ou **cabs** (*cabz*) (taxis) à l'aéroport. Demandez le prix au **driver** (*draï-ve*) (chauffeur) en montant – il peut y avoir un prix fixe pour aller de l'aéroport au centre-ville. Pour plus d'informations sur la façon de vous déplacer en taxi, voyez la section « Héler un taxi » plus loin dans ce chapitre.

Utilisation des transports en commun

Si vous visitez l'une des principales villes des États-Unis – Chicago, New York, San Francisco, Washington et quelques autres – vous avez accès à des **public transportation** (*pae-blic trans-pe-téï-chen*) (transports en commun) généralement excellents. Les **commuter trains** (*ke-miouou-te tréïnz*) (trains de banlieue) et les **subways** (*saeb-ouèïz* [UK], *seb-ouéïz* [US]) (métros aux États-Unis – en Grande-Bretagne le mot **subway** désigne un passage souterrain pour piétons) sont rapides, pratiques, peu chers et infiniment préférables à un après-midi dans votre voiture à la recherche d'une place de parking.

Mais dans les villes plus petites ou les banlieues américaines, les transports en commun sont souvent limités. Si vous cherchez un endroit où trouver des transports publics, vous pouvez vous adresser à quelqu'un. Par exemple :

- **Where is the closest train station?** (*ouèe iz de cleou-zest tréïn stéï-chen* [UK], *h'ouèe iz de clôô-zest tréïn stéï-chen* [US]) (Où se trouve la gare la plus proche ?)

» **Where is the closest bus stop?** (*ouèe iz de cleou-zest baes stop* [UK], *h'ouèe iz de clôô-zest baes stop* [US]) (Où se trouve l'arrêt de bus le plus proche ?)

» **Where can I find the subway?** (*ouèe can aï faïnd de saeb-ouéï* [UK], *h'ouèe can aï faïnd de seb-ouéï* [US]) (Où se trouve le métro ?) (En anglais britannique, le métro se dit **the underground** (*di aen-de-graound*), et celui de Londres est aussi appelé **the tube** (*de tiououb*).)

Pour vous promener dans un autobus de la ville, procurez-vous un horaire à une station d'autobus ou demandez à quelqu'un du pays où vous pouvez en trouver un. Les **routes** (*rououts*) (itinéraires) des bus sont distingués par des numéros, et vous devez généralement payer le prix exact du trajet à moins que vous n'achetiez un **bus pass** (*baes pas* [UK], *bes pas* [US]) (carte de bus).

La plupart des lignes d'autobus proposent des **transfers** (*trans-fez*) (transferts) qui sont des tickets vous permettant de changer pour prendre un autre bus sans coût supplémentaire jusqu'à votre destination. Si vous prenez le métro ou un train de banlieue, vous pouvez généralement acheter votre ticket avant de monter dans le train. Voici quelques expressions utilisables dans les transports en commun :

» **How do I get to ... Street?** (*h'aou dou aï guèt tou ... striit*) (Comment puis-je aller rue ... ?)

» **Which train goes to ... ?** (*ouitch tréïn gueouz tou ...* [UK], *h'ouitch tréïn gôôz tou ...* [US]) (Quel est le train pour ... ?)

» **May I have a transfer?** (*mèï aï h'av e trans-fee*) (Pourrais-je avoir un ticket de transfert ?)

Héler un taxi

Dans de nombreuses villes importantes et en centre-ville, vous verrez passer des **taxis** (*ta-xiz*) (taxis) dans la rue pour y prendre des passagers. Mais dans de nombreuses villes plus petites, vous pouvez avoir à appeler un service de taxis pour qu'on vienne vous chercher. N'attendez donc pas à un coin de rue – vous pourriez attendre des jours avant de voir un taxi !

Mots clés

bus	*baes* [UK], *bes* [US]	bus
train	*tréïn*	train
underground [UK]	*aen-de-graound*	métro
subway [US]	*saeb-ouéï* [UK], *seb-ouéï* [US]	métro
route	*rouout*	itinéraire
bus pass	*baes pas* [UK], *bes pas* [US]	carte de bus
transfer	*trans-fee*	transfert
direct route	*di-rèct rouout*	chemin direct

Si vous voyagez en taxi, sachez que les **fares** (*féez*) (prix des courses) sont de tant par mile et que le prix est affiché sur le **meter** (*mii-te*) (compteur).

CULTURE

Pour héler un taxi, en Amérique comme en Europe, levez la main au-dessus de la tête ou à hauteur des épaules, et agitez-la. Il n'est pas courant de partager un taxi avec une autre personne. Il est préférable – mais ce n'est pas une obligation – de donner au chauffeur un pourboire de 15 à 20 % du montant total de la course.

Voici quelques expressions à utiliser une fois à bord du taxi :

» **I'd like to go to ...** (*aïd laïc tou gueou tou* [UK], *aïd laïc tou gôô tou* [US]) (Je voudrais aller à ...)

» **Please take me to ...** (*pliiz téïc mi tou*) (conduisez-moi s'il vous plaît à ...)

Longs voyages en car, en train ou en avion

Si vous avez peu d'argent mais beaucoup de temps – ou si vous voulez simplement voir le paysage –, les grands trajets en car peuvent être un bon moyen de déplacement aux États-Unis. Achetez un **one-way ticket** (*ouaen ouèï ti-kit* [UK], *ouen ouèï ti-kit* [US]) (aller simple) ou un **round-trip ticket** (*raound trip ti-kit*) (aller-retour) à la **bus station** (*baes stéï-chen* [UK], *bes stéï-chen* [US]) (station de bus) et attendez-vous à faire d'intéressantes rencontres en cours de route !

CULTURE

Un voyage en bus en Amérique du Nord dure généralement plusieurs jours, et vous donne l'occasion de nouer des contacts avec vos compagnons de voyage. Dans les îles Britanniques, minuscules par comparaison, les gens prennent le train (ou l'avion) pour les déplacements sur une « longue » distance, qui ne durent jamais très longtemps, et le bus est plutôt réservé, comme en France, à des déplacements dans une même région. Autre différence, l'achat d'un billet

– de bus, d'avion ou de train – met en jeu un tout autre vocabulaire : vous achetez un **single ticket** (*sign-guel ti-kit*) (aller simple) ou un **return ticket** (*ri-teen ti-kit*) (aller-retour).

Si vous recherchez un peu plus de confort et si vous pouvez dépenser un peu plus d'argent, prenez un **train** (*tréïn*) (train). Pour un voyage en train d'assez longue durée, et à un coût plus important, vous pouvez avoir un **private sleeper** (*praï-vet slii-pee*) (cabine de wagon-lit) et prendre vos repas dans le **dining car** (*daï-nign cââ*) (wagon-restaurant). Le train lui aussi vous donne la possibilité d'admirer tranquillement le paysage. Vous achetez vos billets à la gare ou par l'intermédiaire d'une **travel agency** (*tra-vel éï-djen-si*) (agence de voyage).

TRUC

Pour une raison inconnue, les gares routières et ferroviaires des États-Unis sont souvent situées loin du centre-ville et parfois dans des quartiers inhospitaliers. Vous avez intérêt à y aller en taxi, si vous ne trouvez pas un bus (ou un ami) pour vous y conduire.

Bien que plus cher, **air travel** (*èe tra-vel*) (le voyage par avion) est le moyen le plus utilisé par la plupart des gens qui voyagent à l'intérieur des États-Unis. Vous pouvez traverser tout le pays en **plane** (*pléïn*) (avion) en quatre heures environ. Arrivez tôt pour enregistrer vos bagages, passer par le **security check** (*si-kioue-ri-ti tchèk*) (contrôle de sécurité) et parvenir à votre **gate** (*guéït*) (porte). Vous pouvez acheter votre billet à l'avance à une **travel agency**, sur **the Internet** (*di in-te-nèt*) (Internet) ou à un **ticket counter** (*ti-kit caoun-te*) (comptoir) de l'aéroport.

TRUC

UN ARRÊT COÛTEUX

Aux États-Unis, il est interdit de fumer dans les cars longue distance et dans les trains. Le **bus driver** (*baes draï-ve* [UK], *bes draï-ve* [US]) (conducteur de car) ou le **train conductor** (*tréïn ken-daec-te* [UK], *tréïn ken-dec-te* [US]) (contrôleur du train) vous dira quels arrêts sont des **smoking stops** (*smeou-kign stops* [UK], *smôô-kign stâps* [US]) (arrêts pour fumer) où vous pouvez descendre et fumer.

Mais ne vous éloignez pas trop – vous risquez d'être lâché. Pensez à ce qui est arrivé à l'une de mes amies. Elle est descendue du train à un arrêt pour se dégourdir les jambes. Soudain, elle a vu le train quitter la gare. Elle a sauté dans un taxi et tenté vainement de rattraper le train à la gare suivante. Finalement, après 100 miles et une énorme dépense de taxi, mon amie l'a rattrapé et a pu sauter dedans. Un arrêt cigarette coûteux – et elle ne fume même pas !

Mots clés

single [UK]	*sign-guel*	aller simple
one-way [US]	*ouaen ouèï* [UK], *ouen ouèï* [US]	aller simple
return [UK]	*ri-teen*	aller-retour
round-trip [US]	*raound trip*	aller-retour
ticket counter	*ti-kit caoun-te*	guichet/comptoir
travel agency	*tra-vel éï-djen-si*	agence de voyage
station	*stéï-chen*	gare

S'informer sur la durée et la distance

Quand vous voyagez, quel que soit le mode de transport, vous voulez généralement savoir à quelle distance se trouve votre destination et combien de temps prendra le voyage. Vous devez peut-être prendre une correspondance ou rencontrer un ami qui vous attend à l'autre bout. Voici les questions à poser :

- **How far is it?** (*h'aou fââ iz it*) (C'est à quelle distance ?)
- **How long does it take to get there?** (*h'aou logn daez it téïk tou guèt dèe* [UK], *h'aou logn dez it téïk tou guèt dèe* [US]) (Combien de temps dure le trajet ?)

Louer une voiture

Aimez-vous voyager en toute indépendance et être libre de voyager à votre propre rythme ? Ou avez-vous simplement besoin d'une voiture pour vos affaires ou pour une brève excursion ? En ce cas, vous pouvez louer une voiture et découvrir les joies de la conduite sur les **motorways** (*meou-te-ouèïz*) (autoroutes) de Grande-Bretagne ou les **highways** (*h'aï-ouèïz*) (autoroutes) des États-Unis et du Canada.

TRUC

De nombreuses sociétés de location de véhicules opèrent aux États-Unis et chacune a des procédures et des exigences spécifiques. Selon la société de location, vous devez être âgé de 18 à 25 ans pour louer une voiture, et vous avez besoin des documents suivants :

- **A valid driver's license** (*e va-lid draï-vez laï-sens*) (Un permis de conduire valide). Notez qu'en anglais britannique, permis de conduire se dit et s'écrit **driving licence** (*draï-vign laï-sens*).
- **A major credit card** (*e méï-dje cri-dit cââd*) (Une carte bancaire reconnue). En général, les sociétés n'acceptent que Visa, American Express et MasterCard.

Louer une voiture n'est pas très coûteux, surtout si vous partagez la dépense avec des amis. La plupart des sociétés louent **by the day** (*baï de dèï*) (à la journée) et accordent des **free miles** (*frii maïlz*) (miles gratuits) – ce qui veut dire pas de facturation du nombre de miles effectués – jusqu'à 200 miles ou plus selon la société. Certaines sociétés offrent des miles illimités moyennant un supplément de prix. Voici quelques termes à connaître pour choisir une voiture :

- **compact** (*kem-pact*) (voiture plus petite et assez économique)
- **luxury** (*laek-che-ri* [UK], *lek-che-ri* [US]) (de luxe)
- **mini-van** (*mi-ni-van*) (minibus)
- **two-door** (*tou-dôô*) (à deux portes)
- **four-door** (*fôe dôô*) (à quatre portes)
- **stick shift** (*stic chift*) (à changement de vitesse manuel). (L'équivalent britannique de **stick shift** est **gear lever** (*guie lii-ve*) (levier de changement de vitesse).)

CULTURE

COMPARAISON DES MILES ET DES KILOMÈTRES

Avez-vous déjà couru une course de 10 kilomètres ? Aux États-Unis, les courses de 10 km sont assez répandues. Les Américains savent que c'est environ 6,2 miles. Mais c'est à peu près tout ce qu'ils savent sur les kilomètres ; ils sont beaucoup plus familiarisés avec les miles.

En dépit de quelques campagnes très sérieuses pour faire passer les États-Unis au système métrique, ce pays a conservé son système de mesure – par la force de l'habitude et à cause du coût de conversion. (Et par attachement à toutes ces chansons qui utilisent le mot « miles » comme **such as I can see for miles and miles and miles...**) Si donc vous voyez un signe disant « New York 300 miles », et si vous êtes un adepte du système métrique, faites une conversion : divisez par 5 et multipliez par 8. Vous obtiendrez la distance approximative en kilomètres, et vous déciderez en connaissance de cause s'il faut continuer à rouler ou vous arrêter au prochain motel.

En route

Avant de prendre la route ou de parcourir les rues d'une ville en voiture, vous devez connaître quelques **rules of the road** (*rououlz ov de reoud* [UK], *rououlz ov de rôôd* [US]) (règles de circulation) et savoir interpréter les **road signs** (*reoud saïgnz* [UK], *rôôd saïgnz* [US]) (signaux routiers). Avant toute chose, rappelez-vous que dans beaucoup de pays anglophones (Afrique du Sud,

Australie, Inde, Irlande, Nouvelle-Zélande, Royaume-Uni...) le volant de la voiture est normalement à droite, et qu'il faut rouler sur la gauche de la route.

Au Canada et aux États-Unis, on roule sur le **right-hand side** (*raït h'and saïd*) (côté droit) comme en Europe continentale et dans presque tout le reste du monde. Certains **road signs** sont universels ou du moins ils sont logiques. Par exemple, un panneau avec des enfants marchant et portant des livres veut dire que vous devez faire attention à des enfants qui vont à l'école ou en reviennent. Voici la signification de quelques signalisations que vous pouvez rencontrer sur les routes et dans les villes américaines :

- **Stop** (*stop* [UK], *stâp* [US]) (stop) : un hexagone rouge avec des lettres blanches.
- **Yield** (*i-iild*) (céder le passage) : un triangle blanc avec un bord rouge.
- **One-way street** (*ouaen ouéï striit* [UK], *ouen ouéï striit* [US]) (rue à sens unique) : une flèche blanche dans un rectangle noir.
- **No U-turn** (*neou iouou teen* [UK], *nôô iouou teen* [US]) (demi-tour interdit) : un rectangle blanc avec le symbole universel rouge d'interdiction sur une flèche en forme de U.
- **Railroad crossing** (*réïl-reoud cro-sign* [UK], *réïl-rôôd crâ-sign*) (passage à niveau) : un X sur fond blanc avec les lettres RR.

Note : passage à niveau se dit **Railway crossing** (*réïl-ouèï cro-sign* [UK], *rèïl-ouèï crâ-sign* [US]) en anglais britannique.

Dans certains États américains, il est permis de **turn right** (*teen raït*) (tourner à droite) à un feu rouge, mais seulement depuis la voie la plus à droite et seulement si le carrefour est libre. Faites attention aux piétons et à un signe éventuel disant **no turn on red** (*neou teen on rèd* [UK], *nôô teen on rèd* [US]) (interdiction de tourner à droite au feu rouge).

TRUC

Les limites de vitesse et les autres règles de circulation sont strictement appliquées et les contraventions en roulant (contrairement à celles relatives au stationnement) comportent de très fortes amendes. Si un agent de police vous arrête, rangez-vous lentement sur la droite et restez en voiture, en gardant les mains sur le volant ; l'agent viendra à votre fenêtre. Et ne paniquez pas – coopérez simplement avec lui et restez courtois.

Mots clés

stop sign	*stop saïgn* [UK], *stâp saïgn* [US]	signal de stop
traffic light	*tra-fic laït*	feu de circulation
pedestrian	*pi-dès-trien*	piéton
pedestrian crossing [UK]	*pi-dès-trien cro-sign* [UK], *pi-dès-trien crâ-sign* [US]	passage pour piétons
crosswalk [US]	*cros-ouôôk* [UK], *crâs-ouâôk* [US]	passage pour piétons
intersection	*in-te-sèc-chen*	carrefour

PED X-ING ET ENFANTS LENTS

Un de mes amis britanniques, voyant les lettres **Ped X-ing** peintes sur la route devant lui, n'avait aucune idée de ce que ces lettres voulaient dire. (De façon analogue vous pouvez voir **RR X-ing** peint sur la chaussée. Ce signe annonce un **Railroad Crossing**.) Et ce signe qui dit **Slow Children** (*sleou tchil-dren* [UK], *slôô tchil-dren* [US]) (enfants lents) ? Vous pourriez vous demander si vous devez faire attention à des enfants qui s'attardent dans la rue ou si le quartier est réservé à des enfants qui ne suivent pas bien à l'école. Mais le signe veut dire simplement que vous devez **drive slowly** (*draïv sleou-li* [UK], *draïv slôô-li* [US]) (conduire lentement) parce qu'il peut y avoir des enfants. (Les signaux sont faits pour être faciles à lire – pas pour vous rendre perplexe, n'est-ce pas?)

Acheter de l'essence

En conduisant sur une route américaine, vous pouvez vous apercevoir que vous avez besoin de trouver une **gas station** (*gas stéï-chen*) (poste à essence). (**Gas** est l'abréviation du mot **gasoline** (*ga-se-liin*) (essence), qui est employé en Amérique du Nord, mais non en Grande-Bretagne, où l'on s'arrête à une **petrol station** (*pè-trel stéï-chen*) pour acheter du **petrol** (*pè-trel*) (de l'essence).) Si vous ne voyez pas de station-service sur votre chemin, arrêtez-vous pour poser l'une des deux questions suivantes :

- **Where is the nearest gas station?** (*ouèe iz de niie-rest gas stéï-chen* [UK], *h'ouèe iz de niie-rest gas stéï-chen* [US]) (Où se trouve le plus proche poste à essence ?)
- **Where can I buy gas?** (*ouèe can aï baï gas* [UK], *h'ouèe can aï baï gas* [US]) (Où puis-je acheter de l'essence ?)

CULTURE

Aux États-Unis comme en Europe, la plupart des postes à essence sont **self-service** (*sèlf see-vis*) (self-service), ce qui veut dire que vous devez **pump** (*paemp* [UK], *pemp* [US]) (pomper) l'essence vous-même. Cependant, il existe encore à certains endroits des stations **full service** (*foul see-vis*) (service complet) ou une **full service pump** (*foul see-vis paemp* [UK], *foul see-vis pemp* [US]) (pompe service complet) où un **attendant** (*e-tèn-dent*) (préposé) délivrera l'essence et peut-être vérifiera **your oil** (*ioue oïl*) (l'huile) et **your tires** (*ioue taïez*) (les pneus).

Vous trouvez le **price per gallon** (*praïs pee ga-len*) (prix au gallon) inscrit sur la pompe, et selon la politique de la station vous payez avant ou après avoir pris l'essence. En général, vous payez à l'intérieur de la station-service, qui est souvent un **mini-market** (*mi-ni mââ-kit*) (mini-marché) où vous pouvez acheter des snacks et des boissons. Les gallons dont il est question ici sont des gallons américains, équivalant chacun à 3,79 litres. (Sur les routes britanniques, vous n'avez pas à vous soucier des gallons impériaux, équivalant à 4,55 litres, car l'essence y est vendue au litre.)

Il existe trois types de carburant : **unleaded** (*aen-lè-did* [UK], *en-lè-did* [US]) (sans plomb), **regular** (*rè-guiou-le*) (ordinaire) et **diesel** (*dii-zel*) (diesel). Si vous payez à l'avance, utilisez l'une de ces expressions pour dire au caissier combien de carburant il vous faut :

- **I want 10 gallons of regular.** (*aï ouânt tèn ga-lens ev rè-guiou-le*) (Je veux 10 gallons d'ordinaire.)
- **Give me 20 dollars of unleaded.** (*giv mi touèn-ti do-lez ev aen-lè-did* [UK], *giv mi touèn-ti dâ-lez ev en-lè-did* [US]) (Donnez-moi 20 dollars de sans plomb.)
- **I want to fill it up.** (*aï ouânt tou fil it aep* [UK], *aï ouânt tou fil it ep* [US]) (Je veux faire le plein.)

Mots clés

petrol station [UK]	*pè-trel stéï-chen*	poste à essence
gas station [US]	*gas stéï-chen*	poste à essence
pump	*paemp* [UK], *pemp* [US]	pompe
oil	*oïl*	huile
petrol tank [UK]	*pè-trel tanc*	réservoir à essence
gas tank [US]	*gas tanc*	réservoir à essence
tires	*taïez*	pneus

Chapitre 12

Au secours ! – Que faire en cas d'urgence

DANS CE CHAPITRE :

- » Trouver rapidement de l'aide
- » Gérer les urgences et les dangers
- » Décrire les problèmes de santé

Si vous êtes comme moi, vous préférez probablement ne pas penser aux problèmes et aux urgences qui peuvent se présenter lors d'un voyage, et vous pouvez être tenté de tourner rapidement les pages de ce chapitre. Mais si vous travaillez et vivez dans un autre pays que le vôtre, **It's better to be safe than sorry** (*its bè-te tou bii séïf dan so-ri* [UK], *its bè-te tou bii séïf dan sâ-ri* [US]) (Il vaut mieux être sain et sauf que d'avoir des regrets) comme dit en anglais cette ancienne formulation du principe de précaution. Autrement dit, vous devez être préparé à des situations d'urgence et à d'autres ennuis, surtout si les gens autour de vous ne parlent pas votre langue natale. Ce chapitre vous donne quelques expressions clés pour traiter en anglais un certain nombre de situations soudaines et imprévisibles, telles que les catastrophes naturelles, les accidents, les problèmes de santé, et les difficultés légales. Regardez ce chapitre : vous en obtiendrez des informations vitales – et un peu de tranquillité d'esprit.

En cas d'urgence

Les petites **emergencies** (*i-mee-djen-siz*) (situations d'urgence) de la vie courante, comme une roue à plat, des enfants avec des écorchures aux genoux et la perte des clés de la maison vous sont probablement familières. Mais les graves situations d'urgence, qui peuvent être **life-threatening** (*laïf dzrè-te-nign*) (mettant la vie en danger) et les **natural disasters** (*na-tche-rel di-zââs-tez* [UK], *na-tche-rel di-zaas-tez* [US]) (catastrophes naturelles) sont heureusement moins courantes, mais par suite, vous êtes moins bien préparé à réagir à des choses comme :

- **accident** (*ak-si-dent*) (accident)
- **earthquake** (*eedz-couéïc*) (tremblement de terre)
- **fire** (*faï-e*) (incendie)
- **flood** (*flaed* [UK], *fled* [US]) (inondation)
- **hurricane** (*h'ae-ri-ken* [UK], *h'e-ri-ken* [US]) (ouragan)
- **robbery** (*ro-be-ri* [UK], *râ-be-ri* [US]) (cambriolage)
- **tornado** (*tôô-néï-deou* [UK], *tôô-néï-dôô* [US]) (tornade)

Crier au secours et avertir les autres

Quand vous avez rapidement besoin d'aide, vous n'avez pas le temps d'aller chercher un dictionnaire ; vous devez trouver tout de suite dans votre mémoire les mots nécessaires. Mémorisez donc les mots d'urgence ci-après – et gardez-les sous la langue !

- **Help!** (*h'èlp*) (Au secours !)
- **Help me!** (*h'èlp mii*) (Aidez-moi !)

- **Fire!** (*faï-e*) (Au feu !)
- **Call the police!** (*côôl de pe-lis* [UK], *cââl de pe-lis*) (Appelez la police !)
- **Get an ambulance!** (*guèt e nam-biou-lens*) (Appelez une ambulance !)

Si vous devez **warn** (*ouôôn*) (avertir) d'autres d'un **impending danger** (*im-pèn-dign déïn-dje*) (danger imminent), vous ne pouvez pas rester bouche bée. Vous devez connaître quelques brèves expressions pour donner l'alarme. Les expressions suivantes font clairement passer le message :

- **Look out!** (*louc aout*) (Attention !)
- **Watch out!** (*ouotch aout* [UK], *ouâtch aout* [US]) (Attention !)
- **Get back!** (*guèt bac*) (Reculez-vous !)
- **Run!** (*raen* [UK], *ren* [US]) (Courez !)

Quand il n'y a pas de temps à perdre et que la vitesse est essentielle, vous pouvez ajouter l'un de ces mots énergiques pour faire bouger les gens :

- **Quick!** (*couïc*) (Vite !)
- **Hurry!** (*h'ue-ri* [UK], *h'e-ri* [US]) (Dépêchez-vous !)
- **Faster!** (*fââs-te* [UK], *faas-te* [US]) (Plus vite !)

Mots clés

emergency	*i-mee-djen-si*	situation d'urgence
to warn	*tou ouôôn*	avertir
to help	*tou h'èlp*	aider
to faint	*tou féïnt*	s'évanouir
danger	*déin-dje*	danger
injury	*in-dje-ri*	blessure

Le 911

AUDIO

Aux États-Unis, le numéro utilisé pour demander de l'aide est depuis longtemps le **911** (*naïn ouaen ouaen* [UK], *naïn ouen ouen* [US]). Ce numéro vous connecte à un **dispatcher** (*dis-pat-che*) (dispatcher) qui prend vos informations et les envoie à la **police**, au **fire department** (*faïe di-pâât-ment*) (service des pompiers) [**fire brigade** (*faïe bri-guéïd*) en anglais britannique], et/ou à une ambulance. Si vous appelez le 911, le **dispatcher** demande le lieu de l'urgence, le numéro duquel vous appelez, et si quelqu'un est blessé. Et si vous êtes témoin d'un crime, il vous demande si vous pouvez donner une description du **suspect** (*saes-pèct* [UK], *ses-pèct* [US]) (suspect). (Voir « Si vous avez affaire à un crime » plus loin dans ce chapitre, pour plus de détails sur la façon de signaler un crime.)

CULTURE

911 se dit aussi **nine eleven** (*naïn i-lè-ven*) (neuf onze), qui désigne en anglais la date du 11 septembre, et fait penser inévitablement aux terribles événements du 11 septembre 2001.

À RETENIR

Vous pouvez appeler le **911** même si vous ne connaissez pas l'anglais ; le centre du **911** est doté d'interprètes dans de nombreux idiomes.

Mots clés

to report	*tou ri-pôôt*	signaler
911	*naïn ouaen ouaen* [UK], *naïn ouen ouen* [US]	911 (numéro d'urgence)
Help!	*h'èlp*	Au secours !
police	*pe-lis*	police
fire brigade [UK]	*faï-e bri-guéïd*	pompiers
fire department [US]	*faï-e di-pâât-ment*	pompiers
ambulance	*am-biou-lens*	ambulance

Une visite chez le médecin

AUDIO

Être **sick** (*sic*) (malade) ou **injured** (*in djeed*) (blessé) dans la ville ou l'on habite est déjà une mauvaise chose, mais en voyage, c'est carrément odieux ! Rechercher une assistance médicale et un **treatment** (*triit-ment*) (traitement) dans un pays étranger peut être déroutant et même effrayant. Si votre **condition** (*ken-di-chen*) (état) n'est pas grave, vous pouvez prendre le temps de demander à un ami, un collègue ou même un employé de l'hôtel de vous recommander un médecin. Utilisez l'une des expressions suivantes :

- **Do you know a good doctor?** (*dou iou neou e goud doc-te* [UK], *dou iou nôô e goud dâc-te* [US]) (Connaissez-vous un bon médecin ?)
- **Can you recommend a doctor?** (*can iou rè-ke-mènd e doc-te* [UK], *can iou rè-ke-mènd e dâc-te* [US]) (Pouvez-vous recommander un médecin ?)

Espérons que vous n'aurez jamais un besoin urgent d'assistance médicale, mais si cela se produit, ces expressions peuvent vous servir :

- **I feel sick.** (*aï fiil sic*) (Je me sens malade.)
- **I'm injured.** (*aïm in-djeed*) (Je suis blessé.)
- **I need a doctor.** (*aï niid e doc-te* [UK], *aï niid e dâc-te* [US]) (J'ai besoin d'un médecin.)
- **Please call a doctor.** (*pliiz côôl e doc-te* [UK], *pliiz cââl e dâc-te* [US]) (Appelez un médecin s'il vous plaît.)

Peut-être allez-vous bien, mais quelqu'un d'autre est malade ou blessé. Voici comment demander à la personne ce qui ne va pas :

- **What's wrong?** (*ouots rogn* [UK], *h'ouâts rogn* [US]) (Qu'est-ce qui ne va pas ?)
- **What's the matter?** (*ouots de ma-te* [UK], *h'ouâts de ma-te* [US]) (Qu'est-ce qui se passe ?)
- **What happened?** (*ouot h'a-pend* [UK], *h'ouât h'a-pend* [US]) (Que s'est-il passé ?)

Vous avez différentes options quant aux endroits où trouver une assistance médicale. La plupart des villes ont des **walk-in clinics** (*ouôôk-in cli-nics* [UK], *ouââk-in cli-nics* [US]) (clinique sans rendez-vous) ou des **24-hour medical clinics** (*touen-ti fôô aoue mè-di-kel* *cli-nics*) (cliniques 24 heures sur 24). Ces cliniques sont tenues par des **physicians** (*fi-zi-chenz*) (médecins) expérimentés et très qualifiés, et ce qui est encore mieux, vous pouvez vous y présenter sans rendez-vous.

Les **Hospitals** (*h'os-pi-telz* [UK], *h'âs-pi-telz* [US]) (hôpitaux) peuvent souvent accueillir eux aussi des patients sans rendez-vous, mais dans une situation mettant votre vie en danger, allez à la **emergency room** (*i-mee-djen-si rououm*) (salle des urgences).

Mots clés

doctor	*doc-te* [UK], *dâc-te* [US]	docteur
physician	*fi-zi-chen*	médecin
clinic	*cli-nic*	clinique
hospital	*h'os-pi-tel* [UK], *h'âs-pi-tel* [US]	hôpital
injury	*in-dje-ri*	blessure
sick	*sic*	malade

Comment expliquer où vous avez mal

AUDIO

Mes étudiants disent parfois le mot **uncle** (*aen-kel* [UK], *en-kel* [US]) (oncle) quand ils veulent dire **ankle** (*an-kel*) (cheville). Si c'est votre oncle qui a mal, c'est lui qui doit voir le médecin, pas vous. Mais si vous vous tordez le pied, c'est votre **ankle** (*an-kel*) (cheville) qui a mal. Ne dites pas **uncle**, sinon le docteur ira soigner votre oncle alors que c'est vous qui souffrez !

Et donc, quand le docteur vous demande **Where does it hurt?** (*ouèe daez it h'eet* [UK], *h'ouèe dez it h'eet* [US])

(Où avez-vous mal ?) ou bien **Where is the pain?** (*ouèe iz de péïn* [UK], *h'ouèe iz de péïn* [US]) (Où est la douleur ?), il faut que vous connaissiez les noms des parties du corps concernées et la façon de les prononcer. En voici une liste :

- **Head and face** (*hèd and féïs*) (Tête et visage)
  - **cheeks** (*tchiics*) (joues)
  - **chin** (*tchin*) (menton)
  - **ear** (*i-e*) (oreille)
  - **eye** (*aï*) (œil)
  - **forehead** (*fôôe-h'èd*) (front)
  - **lips** (*lips*) (lèvres)
  - **mouth** (*maoudz*) (bouche)
  - **nose** (*neouz* [UK], *nôôz* [US]) (nez)
  - **neck** (*nèc*) (cou)
- **Torso** (*tôô-seou* [UK], *tôô-sôô* [US]) (torse)
  - **back (bac) (dos)**
  - **chest** (*tchès*) (poitrine)
  - **hip** (*h'ip*) (hanche)
  - **shoulders** (*cheoul-dez* [UK], *chôôl-dez* [US]) (épaules)
  - **stomach** (*sto-mec* [UK], *stâ-mec* [US]) (estomac)
- **Limbs** (*limz*) (membres)
  - **arms** (*ââmz*) (bras)
  - **elbow** (*èl-beou* [UK], *èl-bôô* [US]) (coude)
  - **hand** (*h'and*) (main)
  - **finger** (*fi-gne*) (doigt)
  - **knee** (*nii*) (genou)
  - **leg** (*lèg*) (jambe)
  - **thigh** (*dzaï*) (cuisse)

- **foot** (*fout*) (pied)
- **toe** (*teou* [UK], *tôô* [US]) (doigt de pied)

On peut dire (en anglais) **"beauty is only skin deep"** (*biou-ti iz eoun-li skin diip* [UK], *biou-ti iz ôôn-li skin diip* [US]) (la beauté ne va pas plus profond que la peau), mais sous la peau se trouve la beauté des mécanismes internes du corps : le sang, les os, et les **organs** (*ôô-guenz*) (organes) :

» **insides** (*in-saïdz*) (entrailles)

- **artery** (*ââ-te-ri*) (artère)
- **blood** (*blaed* [UK], *bled* [US]) (sang)
- **bone** (*beoun* [UK], *bôôn* [US]) (os)
- **heart** (*h'âât*) (cœur)
- **intestine** (*in-tès-tin*) (intestin)
- **kidney** (*kid-ni*) (rein)
- **liver** (*li-ve*) (foie)
- **lung** (*laegn* [UK], *legn* [US]) (poumon)
- **muscle** (*mae-sel* [UK], *me-sel* [US]) (muscle)
- **vein** (*véïn*) (veine)

CULTURE

L'anglais a de nombreuses expressions mettant en jeu des parties du corps. Par exemple : **to *foot* the bill** (*tou fout de bil*) (payer l'addition) veut dire être la personne qui paie, habituellement pour quelqu'un d'autre ; et **to have a *heart*** (*tou h'av e h'âât*) (avoir un cœur) est utilisé pour encourager une personne à se montrer plus charitable. Une autre expression amusante – qui pourrait certainement s'appliquer au prix élevé des soins médicaux aux États-Unis – est **to cost an *arm* and a *leg*** (*tou cost e nââm and e lèg* [UK], *tou câst e nââm and e lèg* [US]) (coûter un bras et une jambe, équivalent du français « coûter les yeux de la tête ») !

Mots clés

body	*bo-di* [UK], *bâ-di*	corps
temperature	*tèm-pri-tche*	température
thermometer	*dze-mo-mi-te* [UK], *dze-mâ-mi-te* [US]	(thermomètre)
heart	*h'âât*	cœur
pain	*péïn*	douleur
to hurt	*tou h'eet*	faire mal

PROBLÈMES D'ASSURANCE

Les États-Unis n'ont pas de médecine sociale, de sorte que si vous êtes sans **insurance** (*in-choue-rens*) (assurance), vous payez **out of pocket** (*aout ov po-kit* [UK], *aout ov pâ-kit* [US]) (de votre poche) – et **"through the nose"** (*dzrou de neouz* [UK], *dzrou de nôôz* [US]) (par le nez ; caractérise une dépense scandaleusement élevée) ! Même avec une assurance, vous pouvez avoir à payer d'avance et à envoyer une **claim** (*cléïm*) (demande) à la compagnie d'assurances en vue du remboursement. Où que vous alliez pour des soins médicaux, on vous posera les questions suivantes :

» **Who's your insurance company?** (*h'ouz ioue in-choue-rens caem-pe-ni* [UK], *h'ouz ioue in-choue-rens kem-pe-ni*) (Qui est votre compagnie d'assurances) ?

» **How do you plan to pay?** (*h'aou dou iou plan tou péï*) (Comment prévoyez-vous de payer ?)

Si vous n'avez pas d'assurance, vous pouvez dire **I'll pay myself** (*aïl péï maï-sèlf*) (Je paierai moi-même).

Les douleurs : comment décrire les symptômes

Votre aptitude à décrire vos **symptoms** (*simp-temz*) (symptômes) peut aider le docteur à parvenir au **diagnostic** (*daï-e-gnos-tic* [UK], *daï-e-gnâs-tic* [US]) (diagnostic) correct et au traitement approprié.

Les mots suivants peuvent vous aider à dire au médecin ce qui ne va pas :

- **broken bone** (*breou-ken beoun* [UK], *brôô-ken bôôn* [UK]) (os fracturé)
- **burn** (*been*) (brûlure)
- **cramp** (*cramp*) (crampe)
- **cut** (*caet* [UK], *ket* [US]) (coupure)
- **diarrhea** (*daï-e-ri-e*) (diarrhée)
- **dizzy** (*di-zi*) (étourdi)
- **fever** (*fii-ve*) (fièvre)
- **food poisening** (*fououd poï-ze-nign*) (empoisonnement alimentaire)
- **nauseous** (*nôô-zi-es* [UK], *nââ-zi-es* [US]) (nauséeux)
- **scratch** (*scratch*) (écorchure)
- **sore throat** (*sôô dzreout* [UK], *sôô dzrôôt* [US]) (mal de gorge)
- **sprain** (*spréïn*) (entorse)

Peu de docteurs sont en mesure de **heal** (*hiil*) (guérir) un **broken heart** (*breou-ken h'âât* [UK] *brôô-ken h'âât* [US]) (cœur brisé) si votre symptôme est **heartache** (*h'âât-éïc*) (une grande souffrance mentale), mais il peut **cure** (*kiououe*) (guérir) d'autres maux courants. Par exemple :

- **earache** (*ie-éïk*) (mal d'oreille)
- **headache** (*h'èd-éïk*) (mal de tête)
- **stomachache** (*sto-me-kéïc* [UK], *stâ-me-kéïc* [US]) (mal d'estomac)

TRUC

Prononcez le **ch** comme un **k** et le deuxième **a** comme la diphtongue *eï*. Le chapitre 1 vous donne tous les détails sur les voyelles et leur prononciation.

Les pronoms réfléchis

Les **reflexive pronouns** (*ri-flèc-siv preou-naounz* [UK], *ri-flèc-siv prôô-naounz* [US]) (pronoms réfléchis) sont souvent utilisés pour décrire des blessures que l'on se fait à soi-même, comme en touchant un fer chaud ou en se coupant un doigt. Remarquez la façon dont le pronom réfléchi suit le verbe principal dans les phrases suivantes :

- **I hurt myself** (*aï h'eet maï-sèlf*) (Je me suis fait mal)
- **She cut herself** (*chii caet h'ee-sèlf* [UK], *chii ket h'ee-sèlf* [US]) (Elle s'est coupée)

Voici maintenant la liste des pronoms réfléchis :

- **myself** (*maï-sèlf*) (moi-même)
- **himself** (*h'im-sèlf*) (lui-même)
- **herself** (*h'ee-sèlf*) (elle-même)
- **ourselves** (*aoue-sèlvz*) (nous-mêmes)

- **themselves** (*dèm-sèlvz*) (eux-mêmes)
- **oneself** (*ouaen-sèlf* [UK], *ouen-sèlf* [US]) (soi-même)

Mots clés

insurance	*in-choue-rens*	assurance
symptoms	*simp-temz*	symptômes
to heal	*tou h'iil*	guérir
to cure	*tou kioue*	guérir (transitif)
nauseous	*nôô-zi-es* [UK], *nââ-zi-es* [US]	nauséeux
dizzy	*di-zi*	étourdi
fever	*fii-ve*	fièvre
headache	*h'è-déïc*	mal de tête

Ouvrez la bouche : une visite chez le dentiste

Une visite chez le **dentist** (*dèn-tist*) (dentiste) n'est probablement pas sur la liste des choses à faire pendant que vous êtes loin de chez vous – sans vouloir offenser mon excellent dentiste. Mais si vous devez visiter un dentiste pendant que vous êtes aux États-Unis, vous y trouverez un personnel très professionnel, des établissements avec un équipement de pointe. Vous pourrez aussi trouver des honoraires de pointe ! Les soins dentaires, comme les soins médicaux, ne sont pas donnés.

La meilleure façon de trouver un bon dentiste ou **hygienist** (*h'aï-djii-nist*) (spécialiste de l'hygiène dentaire) est par la bouche d'autrui – excusez le jeu de mots. Demandez autour de vous ; quelqu'un pourra vous indiquer un dentiste. Utilisez les expressions suivantes pour expliquer au dentiste l'objet de votre visite :

- **My teeth need cleaning.** (*maï tiidz niid clii-nign*) (Mes dents ont besoin d'un détartrage.)
- **I have a toothache.** (*aï h'av e toudz éïc*) (J'ai mal aux dents.)
- **I have a cavity.** (*aï h'av e ca-vi-ti*) (J'ai une carie.)
- **I broke a tooth.** (*aï breouc e toudz* [UK], *aï brôôc e toudz* [US]) (Je me suis cassé une dent.)
- **I need a filling.** (*aï niid e fi-lign*) (J'ai besoin d'un plombage/d'une obturation)
- **My crown came off.** (*maï craoun kéïm of*) (Ma couronne est partie.)
- **My dentures hurt my mouth.** (*maï dèn-tcheez h'eet maï maoudz*) (Mon dentier me fait mal à la bouche.)

Le dentiste peut suggérer l'un des traitements suivants :

- **I'll have to pull this tooth.** (*aïl h'av tou poul dis toudz*) (Je vais devoir arracher cette dent.)
- **I can make you a bridge.** (*aï can méïc iou e bridj*) (Je peux vous faire un bridge.)
- **I can replace your filling.** (*aï can ri-pléïs ioue fi-lign*) (Je peux remplacer votre plombage.)
- **I can re-cement your crown.** (*aï can ri-si-mènt ioue craoun*) (Je peux re-cémenter votre couronne.)
- **I can adjust your dentures.** (*aï can e-djaest ioue dèn-tchez* [UK], *aï can e-djest ioue dèn-tchez* [US]) (Je peux ajuster votre dentier.)

Obtenir une assistance juridique

Le **legal system** (*lii-guel sis-tem*) (système judiciaire) américain – avec son ensemble complexe de lois, de tribunaux, de juges et d'avocats – peut sembler déroutant. Mais il importe de savoir que si quelqu'un viole vos **rights** (*raïts*) (droits) dans ce pays, vous pouvez vous défendre devant une cour de justice. En revanche, si vous violez la loi, vous pouvez être confronté à des sanctions. Bien sûr, vous ne pouvez pas connaître toutes les lois, mais renseignez-vous sur celles qui concernent votre visa, les drogues et l'alcool, ainsi que la conduite – si vous prévoyez de voyager en voiture.

Selon la loi américaine, une personne accusée de crime est – techniquement – présumée **"innocent** (*i-ne-sent*) (innocente) **until proven guilty"** (*aen-til prouou-ven guil-ti* [UK], *en-til prouou-ven guil-ti*) (tant que sa culpabilité n'est pas prouvée). Le gouvernement doit prouver la culpabilité de la personne « au-delà d'un doute raisonnable ». Par ailleurs, vous pourrez entendre l'expression « l'ignorance de la loi n'est pas une excuse valable ». Autrement dit si la police routière vous arrête sur la route pour **breaking the law** (*brèï-kign de lôô* [UK], *brèï-kign de lââ* [US]) (enfreindre la loi), vous ne serez guère en mesure d'éviter une contravention en disant **I'm a foreigner ; I didn't know the law** (*aïm e fo-ri-ne aï diden't neou de lôô* [UK], *aïm e fâ-ri-ne aï didn't nôô de lââ* [US]) (Je suis un étranger ; je ne connaissais pas la loi) – bien que cette approche ai marché pour quelques-uns de mes étudiants !

CULTURE

Cela peut vous intéresser de savoir que dans les affaires criminelles, si la personne accusée d'un crime n'a pas les moyens de se payer un avocat, la cour peut désigner un avocat pour participer à sa défense.

Si vous avez besoin de **legal advice** (*lii-guel ed-vaïs*) (assistance juridique), demandez une recommandation à quelqu'un ou cherchez la liste des aides juridiques dans l'annuaire. Vous pouvez avoir besoin des expressions suivantes :

- **Can you recommend a lawyer?** (*can iou rè-ke-mènd a lôô-iee* [UK], *can iou rè-ke-mènd e lââ-iee* [US]) (Pouvez-vous recommander un avocat ?)
- **I need some legal advice.** (*aï niid saem lii-guel ed-vaïs* [UK], *aï niid sem lii-guel ed-vaïs* [US]) (J'ai besoin de conseils d'ordre juridique.)
- **Where can I find a consulate?** (*ouèe can aï faïnd e con-se-let* [UK], *h'ouèe can aï faïnd e cân-se-let* [US]) (Où puis-je trouver un consulat ?)

Si vous avez affaire à un crime

À RETENIR

Vous n'avez certainement pas envie de penser à un **crime** (*craïm*) (crime) quand vous prenez plaisir à voyager. Mais dites-vous que l'insouciance inhérente au voyage peut vous donner un sentiment trompeur de sécurité. Et en tant qu'étranger, il peut vous être plus difficile de déterminer les situations éventuellement **dangerous** (*déin-dje-res*) (dangereuses).

Si vous avez besoin d'exiger que quelqu'un s'éloigne de vous ou vous laisse tranquille, faites-le avec conviction et à très haute voix. Dites :

- » **Go away!** (*gueou e-ouèï* [UK], *gôô e-ouèï* [US]) (Allez-vous en !)
- » **Get away!** (*guèt e-ouéï*) (Allez-vous en !)
- » **Stop!** (*stop* [UK], *stâp* [US]) (Arrêtez !)

Pour plus d'informations sur la façon de se comporter si vous êtes l'objet d'une attention importune ou si vous avez affaire à un inconnu agressif, consultez le chapitre 4.

TRUC

Knowledge is power (*no-lidj iz paoue* [UK], *nâ-lidj iz paoue* [US]) (Le savoir est la force), et donc connaître quelques **precautions** (*pri-côô-chenz*) (précautions) de bon sens vous donne le pouvoir de vous protéger – et d'échapper à d'éventuels **crooks** (*croucs*) (malfaiteurs).

Voici quelques conseils de sécurité qui vous aideront à rester **"safe, not sorry"** (*séïf not so-ri* [UK], *séïf nât sâ-ri* [US]) (sain et sauf, sans regrets).

- » N'ayez pas sur vous, et ne laissez pas voir de grandes quantités d'argent liquide.
- » Ne laissez pas d'appareil photo, de téléphone portable ou de sac à main sans surveillance.
- » Soyez amical, mais ne donnez pas votre adresse ou numéro de téléphone à un inconnu.
- » Dans toute situation où vous vous sentez mal à l'aise, allez-vous en.
- » Si quelqu'un vous importune ou vous suit, entrez dans un magasin et dites-le à un employé.

Index alphabétique